Al muy ilustre Don Luis de Las Casas y de Aragorri, Capitán General y Gobernador Superior de la Isla de Cuba, de las Dos Floridas y de la Provincia de la Luisiana, auspiciador del *Papel Periódico de la Havana*, de la *Guía de Forasteros* y del Segundo Censo de Población; fundador de la Real Sociedad Económica de los Amigos del País, del Real Consulado de Agricultura, Industria y Comercio, y de la primera Biblioteca Pública Cubana; constructor de la Casa para Niños Expósitos, de la Real Casa de Maternidad y Beneficencia, del Paseo del Prado y del Jardín Botánico, y bajo cuyo gobierno (1790-1796) se fundaron o acrecentaron los poblados y villas de Nuevitas, Manzanillo, Mayarí, Banes y Mariel.

PQ
7079.2
.Y89
H32
1997

ÍNDICE

Relación de Personajes vii
I. Los Curros del Manglar 1
II. El Recinto Amurallado 8
III. La Herradura Internacional 14
IV. Los Burdeles de Extramuros 19
V. Los Espejos Voraces 23
VI. Las Casacas Cambiadas 25
VII. El Viaje a Nueva Filipina 30
VIII. La Cueva de Taganana 33
IX. El Príncipe de Asturias 36
X. El Motín del Arsenal 42
XI. El Rescate del General 48
XII. Las Edificaciones de Extramuros 52
XIII. El Consejo de Ministros 55
XIV. Los Piratas de la Sierra 59
XV. La Dudosa Moralidad 64
XVI. La Ofensiva de Verano 68
XVII. La Contraofensiva de los Piratas 74
XVIII. El Partido de los Niveladores 77
XIX. Las Conspiraciones de la Guardia 79
XX. Los Ultimos Combates 81
XXI. La Absolución del General 83
XXII. El Vuelo de Matías Pérez 86

La Habana Virtual

Relación de Personajes

Lord Albemarle	– Comandante de la invasión inglesa de 1762
El Comendador Ronco de Alquízar	– Político heterodoxo, adversario del general
Don Félix Ayilón	– Contador de la Real Renta de Correos y Postas (1795)
Barbanegra	– Capitán pirata y jefe de los alzados de la Sierra
El Señor de Burenes	– Candidato oficial a la capitanía general en las últimas elecciones celebradas en la Isla
El comandante Candelas	– Jefe de una columna de los piratas de Barbanegra
Carlos, el Alférez de Maryland	– Candidato oficial a la capitanía general en 1752
Don Carlos Puig	– Funcionario colonial asociado al general en sus negocios turbios
El general Centellas	– Alto oficial de los ejércitos gubernamentales
El gobernador de las Conchas Plateadas	– Antiguo capitán general de la Isla (1748-1752)

G. Alberto Yannuzzi

El gobernador de los Dedos de Alambre	– Antiguo capitán general (1733-34, 1744-48)
El mayor Dientilargo	– Oficial del ejército gubernamental
José Eleuterio, el *general moro de Tafilet*	– Antiguo jefe del estado mayor de las fuerzas del general
El general de las Patillas Largas	– Gobernador en funciones de la la Isla de Cuba
La generala	– Esposa del general
El teniente de las Patas de Horqueta	– Oficial de caballería del ejército gubernamental
El joven de Puerto Príncipe	– Encargado de la Herradura Internacional en el Correo de la Calle de los Oficios en Intramuros
El abominable Hombre de las Pampas	– Aventurero argentino asociado a Barbanegra en sus empresas políticas
Matías Pérez	– Piloto y constructor de globos aerostáticos de La Habana de Extramuros
El Alférez de la Cara de Perro	– Jefe de la escolta personal del general

La Habana Virtual

El brigadier de la Cara de Plancha — Alto oficial del ejército gubernamental

El Marqués de Plata — Candidato oposicionista a la capitanía general en 1758 y de quien se afirma que fue el verdadero triunfador de aquellos comicios

El coronel de la Pata Podrida — Oficial del ejército y confidente del general

Don Juan del Prado y Portocarrero — Gobernador de Cuba en 1762 que rindió La Habana a los ingleses el 12 de agosto de ese año

El capitán de la Cara de Tranca — Oficial de la policía de Intramuros

Ulsiceno — Sargento curro, jefe de los serenos del Arsenal

El brigadier de la Vista Clara — Jefe de los ayudantes del general

CAPÍTULO UNO
LOS CURROS DEL MANGLAR

&

...porque si te ven/bailando como en el manglar/
toda tu argumentación/de negro fino se te va a caer...
—Cha-cha-cha, 1953—

Cuando llegó a la gran ciudad, pensó esperanzado que la soledad que entonces conocía por primera vez, rotunda y hueca, iba a ser cosa transitoria, algo de los primeros tiempos, y que después de unas semanas toda la gente lo iba a conocer como allá en Puerto Príncipe; pero no sucedió así, la única gente conocida en la capital eran los artistas de televisión, los políticos y algunos viejos ricos — de los de polvo y peluca — y sus familiares, ya que salían retratados en las páginas sociales del rotograbado del *Diario de la Marina* casi todos los fines de semana, debido a que daban "saraos".

Todo esto le daba vueltas y más vueltas en la cabeza, y en su desconcierto empleaba sus horas de soledad o los largos insomnios en proyectar el esquema general de su pueblo sobre el que él se imaginaba era el de la capital, como un inmenso cono, con la misma estratificación social dejada atrás, pero agrandado ahora en su base casi hasta el infinito... pero no, la cosa no era así tampoco, esto era en realidad algo totalmente diferente y nuevo.

Para su asombro, en la capital la gente tampoco tenía un archivo mnemotécnico como el suyo. Mucha gente ya no se acordaba de las fechas en que habían ocurrido cosas importantes en los años anteriores; por ejemplo, ya nadie recordaba el año en que se había comenzado a edificar las murallas,

G. Alberto Yannuzzi

ni a qué causa o razón la Puerta de Carpineti debía su nombre, ni de cuándo fue la toma de La Habana por los ingleses, ni de quién era el Marqués González, ni a qué debía su nombre el callejón de La Bomba, ni de que "los negros curros del manglar" habían matado en tiempos de Vives al capitán Tondrá al grito de "mata cangrejo", ni tampoco de que el que gobernó a taconazos mandó a construir la Plaza del Vapor en el Barrio de Extramuros en 1836, y ni siquiera, para su consternación, guardaban en sus memorias los nombres de las personas que habían conocido durante los últimos meses.

—Bueno y malo – se dijo. – Aquí las vergüenzas deben de ser transitorias, porque a las pocas semanas ya nadie se acuerda de nada, y porque la memoria colectiva de los hechos nimios no existe, o está tan diluída, que te mudas de barrio y sanseacabó, comienzas de nuevo, nadie se acuerda de ti, ni de tus ocurrencias; están demasiado ocupados, no les importa, no hay continuidad social, ni de circunstancias, ni récord alguno de las vidas de la gente como allá. Aquí las existencias son paralelas, como en algunos libros de Plutarco, y las convergencias están condicionadas a conveniencias transitorias; de transporte, económicas, de trabajo, de salud o amorosas... o a hechos fortuitos, casi siempre inconexos.

✱

Algo más tarde, cuando comenzó a trabajar, se aburría mucho debido a la monotonía de su nuevo oficio y empujaba el tiempo, y de tanto empujar, y de hacerlo con tanta fuerza, le salió una hernia. El tiempo entonces se le materializaba como un gran escaparate de caoba parda, pesadote y estático, que no se movía, con dos lunas azogadas de cinco pies de alto cada una sobre sus puertas, y como siempre empujaba cuesta arriba, adelantaba poco, y además, su imagen

La Habana Virtual

reflejada en una de las dos lunas del armatoste empujaba también; pero siempre en dirección contraria, lo que hacía su afán mucho más trabajoso.

En los días de descanso, durante los fines de semana, trataba siempre de aguantar el tiempo y de tanto hacerlo le salió una contrahernia. El tiempo se le manifestaba ahora como un gran bloque de hielo de forma cúbica: liso, frío, con las aristas resbalosas, y se le iba siempre de entre las manos, sin remedio, cuesta abajo, por la corta rampa que desembocaba inexorablemente en el día lunes por la mañana.

¿Pero cómo le iba a decir al doctor que la hernia le había salido debido al esfuerzo que hacía empujando el tiempo durante los días de semana, o para detenerlo durante los días feriados? El médico no lo creería... los médicos no creen en esas cosas.

Una vez, recordó, cuando era más joven, le dio por aguantar las agujas de los relojes grandes, para hacer así el domingo más largo, y cuando se acabó la misa de por la mañana se encaramó en el campanario de la iglesia y se colgó del gran minutero del viejo reloj polvoso de números romanos; pero aunque estuvo colgado allá arriba hasta que le dolieron las manos, cuando pasó el tren número dos, ya era noche oscura, como todos los días a esa hora, y entonces se dio cuenta de que tiempo y reloj eran dos cosas diferentes y de que aunque las agujas habían estado paradas, y sus manos y todo el cuerpo le dolían a consecuencia de las largas horas "de la gran colgadura", el tiempo, juguetón, se había deslizado como siempre por allá abajo, sobre los adoquines húmedos de sereno de las calles solitarias.

✱

Otra de esas tardes en que tenía poco que hacer acabó subiéndose a un autobús, y después de rodar por media ciudad, se bajó en la Habana Vieja, cerca del Parque del Cristo, al costado de la vieja iglesia del Humilladero, y lentamente subió media cuadra por Teniente Rey hasta Bernaza. Hizo como un intento de doblar hacia la derecha, rumbo a *La Casa de los Trucos*, para ver que tenían ahora en las vidrieras; pero se contuvo y entró en un café grande que había en la esquina, y allí dentro, en una vidriera que había en un ángulo del establecimiento, le compró dos tabacos Partagás a un español viejo que era el dueño del estanquillo. Cuando tomó el cambio, se guardó uno de los tabacos en el bolsillo izquierdo de la camisa y entonces mordió el cabo del otro, escupiendo a continuación el minúsculo pedacito, y finalmente encendió la breva con cuidadoso deleite, haciéndola rotar lentamente mientras chupaba y exhalaba el humo varias veces.

Salió entonces del café, a la calle vieja de adoquines apretados, y comenzó a vagar sin rumbo fijo, y a eso de las ocho entró en una casa antigua de la calle Monserrate y subió por una escalera en penumbras hasta el tercer piso del edificio, donde vivía una tía suya antidiluviana. Cuando entró al apartamento, la tía lo recibió como de costumbre, aunque lucía un poco más atolondrada que la última vez que la había visto; ésta le pidió que se sentara en un butacón y le brindó café, lo que él declinó. Después de unos minutos de un chachareo sin rumbo fijo, la tía le contó que a lo temprano, después de darse un baño, se había quedado dormida en un sillón, y que cuando se despertó y vio en el reloj que eran las seis y que afuera estaba aún en penumbras, pensó que ya estaba amaneciendo, y como sintió apetito se desayunó con café con leche y pan con mantequilla; pero como el tiempo seguía pasando, y en vez de aclarar, afuera cada vez se ponía más oscuro, desorientada, prendió el televisor, y en-

La Habana Virtual

tonces vio que estaban dando una novela que ella veía todas las noches a las siete y media, cayendo al fin en cuenta de que había dormido al revés...

*

Al poco rato dejó la casa de la tía, y en vez de dar las buenas noches, dio los buenos días; pero la anciana, aunque le contestó del mismo modo, no cayó en la broma. Ya en la calle dobló por la esquina de San José, pasó junto al costado del Instituto y salió al Paseo del Prado. Caminó durante varias cuadras en dirección a La Punta y como a la tercera bocacalle atravesó el Paseo y se detuvo a ver la cartelera de un cine viejo que tenía un vestíbulo grandísimo en el cual reinaba una taquillera rubia y hermosona que le sonrió levemente. Siguió mirando los carteles, pero sin dejar de seguir a la muchacha con el rabillo del ojo y pensó, "Con ese pelo dorado y con esas piernas tan sólidas debe de ser hija de españoles..." y entonces se le acercó y le preguntó algo referente a la tanda que finalizaba, y como nadie entraba al cine a esas horas, charlaron animadamente por varios minutos, hasta que el administrador, un señor grueso que usaba tirantes, algo molesto, se les acercó, y tuvo entonces que cortar la conversación y marcharse, no sin antes despedirse muy cortésmente de la chica.

A lo más tarde, cuando llegó a su cuarto, aún no se la podía quitar de la cabeza, y al poco rato se acostó y fue cayendo lentamente en un profundo sopor antes de dormirse, siendo sus últimos pensamientos lúcidos para la muchacha; deslizándose a continuación en el torbellino de sueños descabellados de todas las noches desde que dejó su cama propia allá en el arcano Puerto Príncipe.

A los pocos minutos ya soñaba que venía en el tren para La Habana. Cuando viajaba desde Puerto Príncipe hacia la

G. Alberto Yannuzzi

capital siempre se sentaba a la derecha, y cuando iba en dirección contraria lo hacía a la izquierda, y eso no era por el sol, ni por el paisaje bonito que se sabía casi de memoria debido a las frecuentes travesías, sino porque después que se pasaba Manacas, o antes de llegar, según la dirección en que se viajara, había una estación sin pueblo en medio de la sabana – Agüica se llamaba el paraje – en la cual vivían varias jovencitas que debían de ser las hijas del jefe de estación, la visión de las cuales compensaba con creces el aburrimiento del largo viaje y la monotonía de la extensa sabana manaquense. A veces leían libros o hacían papeles; parecían estudiantes de bachillerato, o quizás de los primeros años de universidad, y nunca se molestaban en mirar hacia los viajeros. Había una de ellas que usaba lentes y lucía la más intelectual de las tres; pero ¿cómo irían a dar allí a esa pequeña estación de trenes esas muchachas tan finas y despreocupadas? El misterio de las tres hermanas lo había intrigado desde la primera vez que las vio, y una vez hasta pensó en bajarse con algún pretexto; ¿pero qué pretexto se puede inventar en un lugar donde solamente existe una pequeña estación sin pueblo y el tren tan sólo se detiene ocasionalmente por unos instantes?

El mismo dilema que no había podido resolver despierto se le presentaba aún más difícil en sueños. Ahora no viajaba en el tren viejo, largo y campechano, lleno de pasajeros locuaces, vendedores incansables y parejas de guardias rurales, sino en uno de los coches modernos, de los de ventanas fijas y panorámicas, y ésos nunca paraban en Agüica, y continuaba soñando en círculos, y cuando el tren pasaba de nuevo, la estación estaba totalmente vacía, con las puertas y ventanas cerradas, con tablas clavadas por fuera para asegurarlas, como cuando viene un huracán, y en la agitación reincidente

La Habana Virtual

de su sueño inquieto sintió a su lado el cuerpo cálido de Maricusa, que esa noche en vez de retirarse en puntillas, se había quedado dormida en su cama... tibia, maciza y latente.

Se viró entonces hacia el otro lado y cambió de sueño, deslizándose entonces veloz por una rampa en forma de escalera de caracol hasta caer en un pequeño salón en el que se vio sentado en una alta banqueta frente a una mesa de delineante sobre la que había un círculo de papel dividido en tres secciones; en la primera estaba Maricusa, ligerita de ropas y durmiendo boca abajo a pierna suelta, en la segunda, la taquillera rubia del cine del Prado, al alcance de la mano, pero con quien prefería flirtear en lugar de establecer una relación más profunda y en la tercera sección, las muchachas de Agüica, que sublimadas flotaban suspendidas en el aire, vestidas con unos ropones blancos y con unos halos brillosos sobre sus largos cabellos que caían suaves a ambos lados de sus caras serias y bonitas.

Contempló el plano por varios instantes y entonces éste comenzó a girar, poco a poco al principio, y después lo fue haciendo más rápido, hasta que el efecto hipnótico del movimiento lo hizo quedarse dormido dentro de su primer sueño, no sin ser asaltado entonces por la incómoda preocupación de que harían falta dos despertadores, uno real y el otro virtual, para levantarlo a la siguiente mañana. El primero él lo había puesto como todas las noches, y el virtual, el que sólo a veces él se acordaba de poner ya dentro de su primer sueño, o sea el despertador de los espejos, no recordaba bien si lo había puesto, y mucho menos si lo había sincronizado de manera que sonara primero, para estar ya despierto dentro del primer sueño cuando sonara el timbre real.

CAPÍTULO DOS
EL RECINTO AMURALLADO

&

El larguísimo y ondulante Malecón habanero ¿bordea el mar, como lo cree la gente, o bordea la ciudad, como lo deben de creer los peces? Depende quizás desde qué orilla se le mire, si desde la orilla de la tierra o desde la orilla del mar. Los que comenzaron a "amurallar el recinto" durante el siglo XVIII estaban conscientes de este fenómeno óptico, de esta duda profunda y ancestral existente desde épocas remotísimas, y aunque no conocían a fondo las leyes de la física, ni mucho menos habían leído el voluminoso libro de Gran, o el más sencillo texto de Alonso, sabían para sus adentros que existían una *Habana Real* y una *Habana Virtual*; por eso habían abierto "puertas de tierra" y "puertas de mar" en el arcaico cinturón petrificado, desde los años de las nieblas sepias de las crónicas perdidas, fecha oficial en que se concluyó la importante construcción defensiva.

En esa tarde nebulosa de noviembre había comenzado a romper un norte, y la gente que caminaba por el ancho borde del Malecón recibía seguido las salpicaduras de las olas que comenzaban a dar duro contra el muro y perdían una tras otra sus crestas salitrosas, que aterrizaban de costado hacia el centro de la vía exterior de la congestionada avenida.

En la primera de las seis terrazas del tramo de curva suave que bordea la pequeña ensenada que concluye en La Punta, y desde la cual se ve de costado al Morro, como si éste fuera un navío viejo, esa tarde entre brumas, que se adentra de proa en "el mar tenebroso", había recostado a uno de los

La Habana Virtual

cortos pilares del gran rectángulo un hombre viejísimo, que hablaba solo y que argumentaba consigo mismo sobre no sé qué pleitos legales entre los Sigleres y el Cabildo sobre unos terrenos cuya ubicación correcta decía él solo conocer.

Pasó raudo junto al monologante, y lo miró de soslayo, como quien temiera ser detenido y abrumado por extraños relatos y arcanas ventilaciones legales que para él no tenían sentido, y sin quererlo hacer retrató al viejo mentalmente, y sus facciones apergaminadas pasaron de golpe a su archivo fotográfico en el atestado lóbulo frontal izquierdo de su cerebro.

A los pocos pasos miró hacia atrás; pero ya el anciano no estaba allí, "se lo habrá llevado una ola", pensó y siguió andando, con el apuro del que aunque ligerísimo en su andar no va en realidad a ninguna parte.

Un poco más adelante, como iba caminando por la acera mojada de las olas encrespadas procedentes del mar de los sargazos, se sintió un pie húmedo, y cuando llegó al primer semáforo cruzó la avenida y siguió por la acera opuesta hasta el barcito de Lucas, un amigo suyo del Central Lugareño de cuando los tiempos del bachillerato. Cuando llegó al buchinche se sentó en una de las banquetas que rodeaban el mostrador y después de saludar a los asiduos pidió una "láguer" que se sirvió con el vaso de medio lado para que no hiciera mucha espuma. Esperó a que el líquido se asentara, y bebió entonces un sorbo, al tiempo que se acercaba a un grupito que jugaba al cubilete; siguió la carrera de los dados sin poner mucho asunto en lo que veía, cuando sintió que alguien lo halaba por la manga del jacket. Se tornó despacio hacia el halón y vio que era el gordito Unzueta, otra relación de Puerto Príncipe, que con aire serio y contrito, después de saludarlo con un gesto, le extendió el último número del dia-

G. Alberto Yannuzzi

rio *Alerta*, doblado en la página que mostraba la sección policíaca, en la cual con grandes letras negras se relataba la noticia de la muerte de Vicenta Agramonte.

Él, que no se alteraba por nada, sintió esta vez como un ligero escalofrío en la nuca, y poniendo el vaso sobre el mostrador, tomó el vespertino con ambas manos, y leyó los detalles horripilantes que rodeaban el deceso de la bella Vicenta y de un caballero de apellido Marlianí a quien él no conocía personalmente.

*

Al poco rato salió con Unzueta con rumbo al velorio, que era en la funeraria San José, allá cerca de la Quinta de los Molinos, y cuando bajaban por la calle de Escobar, vieron mucha gente en la casa de José Matamoros. Algunos portaban catalejos, y un viejo gordo que vestía unos calzones flojos y sudaba a mares les explicó muy excitado lo que sucedía; pero hablaba extrañamente, y con una sintaxis arcaica y enrevesada, y como no le entendieron bien, hablaron con otros, que se esforzaban en aclararles todo, pero cada vez comprendían menos. Como había tanta gente, la bulla y la excitación no les dejaban oir bien. Otro viejo, que usaba una peluca de crespitos blancos y calzaba zapatos de tacón alto adornados con hebillas doradas, les indicó por señas que subieran al segundo piso, y cuando llegaron allá, vieron a varias gentes que se habían subido en sillas que habían arrastrado hacia las ventanas, y que apretujados miraban y gesticulaban en dirección "al mar tenebroso", al mar a veces de color verde y lleno siempre de sargazos, y cuando a empellones lograron llegar a uno de los amplios ventanales, el cual tenía una gran reja de madera de barrotes de cedro torneados, todavía no lograban ver bien; miraron entonces por unos instantes, y vieron al fin muchas velitas blancas sobre

La Habana Virtual

el horizonte, y de los cascos pardos de las decenas de navíos que sostenían estas velas brotaban unas nubecillas grises, y se escuchaba como un ruido de truenos, y cuando al fin Unzueta le pasó un catalejo de bronce que le habían prestado y logró enfocarlo con mucho trabajo, vio la bandera inglesa en la popa de uno de los grandes veleros, y comprenció al fin que se trataba de la flota de Lord Albemarle, que había sorprendido a la plaza dormida – a *la Habana Virtual* – y a don Juan del Prado y a sus ingenieros militares franceses llegando por la vía prohibida del peligroso Canal Viejo de Bahamas, en lugar de venir como lo hizo la flota anterior por el mar del sur, después de zarpar de Port Royal y doblar ya casi descubierta por el segundo codo del Cabo de San Antonio.

No, esta vez la sorpresa había sido casi total, porque al velerito que había navegado desde Matanzas a todo trapo no le habían hecho mucho caso, y aunque su capitán había jurado por todos los santos que los ingleses ya venían, las órdenes se dieron lentas y las autoridades se mostraron incrédulas y morosas, hasta que unas pocas horas más tarde comenzaron a llegar gentes trémulas procedentes de Bacuranao y Cojímar jurando que los ingleses habían desembarcado y que marchaban ya en dirección a La Habana por los caminos reales que venían de Vuelta Arriba, y que estaban requisando bestias y carros para mover sus vituallas y pertrechos hacia la capital, la cual sin duda pensaban atacar muy pronto.

La principal preocupación de mucha de aquella gente era el centenar de barcos mercantes que se encontraba anclado en el puerto habanero, los cuales en caso de rendirse la plaza caerían en manos de los Keppel y sus tropas como botín de guerra; y Portocarrero, el gobernador, entendiendo al fin el peligro que corría La Habana en esos momentos cruciales, había enviado mensajeros con el oro de la Real Hacienda hacia las ciudades del interior, que él consideraba aún seguras; pero todo había sido en vano, porque los ingleses habían capturado a la mayoría de ellos, y los pocos que pudieron regresar sin ser apresados retornaron contando que la plaza estaba ya totalmente cercada, y que los británicos avanzaban en un gran semicírculo, que como una gigantesca tenaza se cerraría en unos pocos días sobre la sitiada capital colonial.

También oyeron a unos viejos conversando de que algunos vecinos prominentes, como Pedro Estrada, previendo la próxima derrota española, ya se hallaban en tratos con los ingleses, y que descubiertos, se encontraban detenidos en las prisiones locales; y un poco más allá oyeron a unas mujeres jóvenes hablando muy excitadas sobre un proyectil inglés que hacía unas horas había hecho blanco en una casa del Callejón de la Pólvora.

Lo que no sabían los atolondrados vecinos era que del lado de los atacantes las cosas tampoco marchaban bien, porque aunque los Keppel pensaban sitiar la plaza en vez de asaltarla de frente y estaban emplazando sus baterías de más grueso calibre con vista a ese propósito, la precaria situación en que se hallaban sus tropas – presas de malaria y disentería – no les permitía continuar con este tipo de estrategia a largo plazo.

En los últimos días había perecido casi un millar de sus soldados víctimas de estas epidemias y Lord Albemarle, el mayor de los hermanos Keppel, quien mandaba las tropas terrestres, su hermano menor, el general William, que estaba al frente de una de las divisiones de infantería, así como el comodoro Augustus, que era el segundo en comando de la flota de Pocock – como los comerciantes habaneros congregados en la residencia de Matamoros – también tenían grandes preocupaciones económicas, cuya solución dependía de la osada expedición. Estos tres hermanos, hijos del célebre "spendrift earl", estaban en realidad arruinados, gracias a la vida disipada de su padre, y esperaban reponer sus fortunas personales con el cuantioso botín habanero, del cual en caso de resultar vencedores les tocaría casi una tercera parte.

Poco a poco se fueron escabullendo del bullicio y de la acalorada agitación de aquella mansión antañona y llena de fantasmas y de gentes polvosas, y cuando al fin se vieron de nuevo en la calle, no comentaron nada entre sí acerca de los novedosos eventos de hacía casi dos siglos y caminaron hacia la esquina de Belascoaín y el Paseo de Carlos III, llena a esas horas de transeúntes que aguardaban sus rutas de transporte. A los pocos minutos abordaron una ya cansada ruta 43 que los dejaría al final del Paseo, cerca del antiguo Jardín Botánico y del mortuorio de la pobre Vicenta.

Allí en el velorio se encontraron con Rita, Doris, Míriam, Junquito, Bobby, Luisito Agüero y con mucha gente más de Puerto Príncipe, que se habían enterado de la triste noticia. Había mucha gente de La Habana también, y todos bebían sorbitos de café negro y hablaban en voz baja lamentándose como en un gran susurro colectivo del trágico fin de la bella Vicenta.

Después de las diez, la gente empezó a marcharse, poco a poco, y entonces el aroma de las muchas flores se hizo más intenso y comenzó a extenderse como una gran calma en el recinto, y cuando al poco rato reparó en la persona que tenía sentada a su izquierda, creyó reconocer al viejo que había visto en el Malecón por la tarde, hablando solo, sobre los interminables litigios entre el Cabildo y los Sigleres.

CAPÍTULO TRES
LA HERRADURA INTERNACIONAL

&

Al otro día le tocó asistir a una boda con varios de sus compañeros de trabajo. Resulta que se casaba por quinta vez don Félix Ayllón, el contador de la Real Renta de Correos y Postas, y el testigo estelar del evento iba a ser el general de las Patillas Largas; pero existía una gran expectación respecto a esto último entre los invitados, ya que el notario oficiante, don Marino López Prieto, aunque había sido siempre un gran colaborador del general, ahora se encontraba distanciado políticamente de éste, ya que en lugar de haber apoyado a don Mateo Capestany, que era su íntimo, cuando aquél se postuló para el cargo de regidor perpetuo en las últimas elecciones, don Marino sorpresivamente le había ofrecido su apoyo a su contrincante Antonio el Frío, el hermano menor del gobernador en funciones, lo cual el general de las Patillas Largas había tomado muy a pecho, haciendo saber a todo el que pudo que esto había significado para él una afrenta personal y que nunca perdonaría a don Marino.

Cuando el general al fin llegó en una gran carroza dorada, escoltado por seis lanceros a caballo, y asistido por cuatro edecanes y dos lacayos, se formó un gran revuelo. Nadie sabía lo que iba a suceder; pero don Félix mismo resolvió el dilema con gran tino, después que le leyeron por quinta vez el artículo 59 del Real Código de Matrimonios, y junto a su nueva esposa fueron declarados marido y mujer; comenzando entonces a hablar de lo emocionado que se sentía y de la felicidad que para él y su consorte representaba esta nueva unión, que sería la definitiva en su larga vida matrimonial,

La Habana Virtual

pero así mismo añadió que él no se consideraría verdaderamente casado, ni al matrimonio válido, si don Marino, el notario, y el general no se abrazaban públicamente en medio de la feliz unión que todos habían venido a festejar.

Don Marino y el general vacilaron al principio, luego se miraron, y entonces, como duchos que eran en las artes de la política, se unieron muy ceremoniosamente en un cordial abrazo que todos los presentes aplaudieron emocionados, y que le valió a don Marino unos meses más tarde ser nombrado tesorero de la Real Hacienda cuando el general de las Patillas Largas asumió por segunda vez la capitanía general de "La Siempre Fiel", después de la ya lejana madrugada de las espadas cortas.

✱

Su nuevo trabajo, en la Oficina General de Correos y Postas, en la Calle de los Oficios, era algo que le resultaba más ameno que el anterior. Lo habían puesto a cargo de "la herradura internacional", que era el lugar donde se distribuía la correspondencia que iba a otros países. Si la carta iba para Rusia, debía ir primero a Varsovia; y en el bulto que decía Polonia, y que colgaba de un gran pasamanos en forma de herradura que había en el centro de la habitación, se depositaba el sobre. Si el paquete iba para Nueva Zelanda, allá iba él a ponerlo en el bulto que decía Londres; si el envío era para Mozambique o para Angola, allá iba en el bulto destinado a Lisboa, y de allí sería llevado en los lentos vapores de las Líneas de Navegación Lusitanas a las distintas colonias africanas del pequeño país europeo. Si se trataba de tarjetas postales para Asunción o Cochabamba, allá iban en el bulto bonaerense, y de Buenos Aires, los pequeños biplanos Bleriot que volaban en aquella época pilotos franceses las llevarían a estos puntos o a lugares intermedios

G. Alberto Yannuzzi

en arriesgados vuelos nocturnos, implementados para poder competir con los trenes que cruzaban las pampas en todas direcciones durante las veinticuatro horas del día.

Por aquella época fue cuando se dio cuenta de que era una tontería empujar el tiempo, porque los grandes relojes del espacio que proyectan las horas en todos los demás relojes, grandes y pequeños, estaban regulados por las fuerzas cósmicas interplanetarias, y no podían de ninguna manera ser afectados por las acciones y los pensamientos de los diminutos habitantes de la Tierra, y se decidió al fin a aceptar la condena temporal que significaba su empleo postal, mientras su mente aventurera soñaba continuamente con empresas irrealizables que lo pondrían en camino de alcanzar las quimeras que lo habían embelesado desde las lejanas noches sin luna de su niñez.

*

Un día, después que pasaron varios meses de aprendizajes geográficos y postales en "la herradura internacional", en el cual ayudaba a don Félix a lacrar varios sobres con documentos que iban a ser enviados a las ciudades de Bayamo y Santiago, el contador le confió la gran preocupación que sufría respecto a la salud del general de las Patillas Largas.

—Se le ve saludable por fuera – fue su primer comentario; – pero su problema es por dentro. Resulta – continuó diciendo don Félix – que cuando el ataque inglés, el general se hallaba acampado al frente de una tropa de milicianos en uno de los cuarteles del Callejón de la Pólvora, esperando las órdenes que nunca llegaron. De pronto un proyectil británico hizo blanco en la casa, lo que a más de causar que al callejón se le cambiara su nombre por el de La Bomba, como se le conoce hasta ahora, produjo un gran estremecimiento, y aunque la explosión no causó bajas, desde entonces el ge-

La Habana Virtual

neral empezó a actuar raro. Primero comenzó a olvidar las caras de las personas. Su esposa tenía que usar siempre un lazo dorado en la cabeza para que él la pudiera reconocer, y poco a poco comenzó a perder también la habilidad de reconocer las emociones que expresaban los rostros de las personas.

—Como es natural, el general consultó enseguida a los notables neurólogos chinos de la Calle de la Zanja, quienes aunque le hincaron con miles de agujas y alfileres, no pudieron mejorar su estado; fue entonces a ver a los especialistas africanos de Guanabacoa, pero nada positivo ocurrió como resultado de esto, y sólo algo más tarde cuando un galeno holandés fue traído a La Habana por una goleta que en rumbo a Curazao lo había encontrado flotando en alta mar entre los restos de un gran naufragio, y quien asintió en examinar el difícil caso, fue que su mal se diagnosticó como "prosopagnesia", causada por las lesiones sufridas en los lóbulos temporales cuando la gran explosión del Callejón de la Pólvora en meses atrás.

—El general argumentó que resultaba incomprensible que él pudiera distinguir claramente una volanta de una calesa, y que sin embargo no pudiera distinguir a su esposa de Plácida, su nodriza de antaño en Tacuarambó.

—El sabio holandés le dijo que era poco lo que se podía hacer; pero que quizás otra explosión, si la misma ocurría a la misma hora y en un lugar cuya latitud y grado de humedad no fueran muy diferentes a las del Callejón de la Pólvora, su situación podía cambiar; pero que él no le aseguraba nada, y que mientras tanto tratara de reconocer a la gente por el tamaño de sus pies y manos, y que hablara además con el brigadier Cramer, el ingeniero belga que construía el Castillo de Atarés en la Loma de Soto, porque había oído

G. Alberto Yannuzzi

decir que éste había padecido del mismo mal por unos meses, después de los combates del último sitio de la fortaleza de Metz.

—El general no fue a ver a Cramer, porque no quería saber nada de Atarés ni de los fantasmas que por allí moraban, ya que temía que éstos quisieran arreglar cuentas atrasadas con él.

CAPÍTULO CUATRO
LOS BURDELES DE EXTRAMUROS

&

Andando el tiempo, y como no mejoraba, su familia comenzó a invitar a sus viejos amigos a que le visitaran en su Palacio Dorado, con la esperanza de que estos contactos afectivos le activaran el resorte de los recuerdos trabados allá en los confines de sus carcomidos lóbulos temporales, para así iniciar una reacción que le trajera a la normalidad desde el estado de apolillamiento en que se encontraba sumido desde los días nacarados del ataque inglés. Una de esas tardes se le vio tomando unas sopas humeantes de testículos de carey en compañía del coronel de la Pata Podrida, el mismo que se echó a correr cuando los filibusteros de Tuxpán[*] atacaron Santiago durante la última noche del festival de Carnestolendas, y sólo regresó a la plaza cuando se enteró de que Barbanegra y los suyos habían sido derrotados en la entrada misma del Cuartel de la Maestranza, sin que hubieran causado grandes bajas a los dos tercios de infantería que allí se hallaban acampados.

Pata Podrida retornó entonces al campamento en compañía de Monsieur Chaumont, un colono francés que poseía varios cafetales en el área de la Gran Piedra, y juntos se dedicaron a la impía tarea de ultimar a todos los miembros de

[*] En realidad vale la pena aclarar que todos aquellos hombres no eran en realidad filibusteros, pues la gran mayoría de ellos eran miembros de la secta heterodoxa de los Santos Inocentes de Artemisa, los cuales habían sido embaucados por Barbanegra para que lo siguieran en su sangrienta aventura.

G. Alberto Yannuzzi

la Secta de los Santos Inocentes que se habían rendido o que habían sido capturados al concluir la escaramuza y a quienes ayudaron a matar a palos, descuartizaron y después arrojaron sus restos al mar, desde las alturas pedregosas de la boca del Morro.

Con la acción de la Maestranza, Barbanegra aumentó su fama, y se convirtió para algunos en un héroe, esto sobre todo gracias a la masacre ordenada por Pata Podrida y Monsieur Chaumont; y todo el mundo pronto comenzó a olvidarse de sus antecedentes de pirata, asesino y violador, y lo más a que se atrevía alguna gente a contar de él era que en el año de "las casacas cambiadas", cuando el sumo sacerdote de los heterodoxos falleció en el pináculo de su gloria estridente, en los momentos en que se disponía a salir el cortejo fúnebre, Barbanegra le propuso al recién electo comendador de Alquízar desviar el entierro hacia el Palacio de los Capitanes Generales, sentar al muerto en la silla churrigueresca del gobernador y tomar el poder de la Isla revolucionariamente, a lo que ni el comendador, ni los síndicos allí presentes prestaron mucha antención, por tener Barbanegra fama de orate.

El general de las Patillas Largas y Pata Podrida discutían ahora asuntos turbios de política y gobierno en voz baja, y cuando al cabo de dos horas se saturaron al fin de la afrodisíaca sopa de sustancias de quelonios, salieron a caminar por las calzadas recién adoquinadas de La Habana de Extramuros y a continuar discutiendo sus diferencias igualitarias, y poco a poco, como sin proponérselo, arribaron a la zona de los burdeles del Gran Almirante. Cuando llegaron ya llevaban puestas sus pelucas rubias y unas antiparras doradas de lentes hexagonales, mandadas buscar a la Luisiana, para no ser reconocidos en esos trances, y después de dar varios recorridos por el área, entraron dando saltitos a un lupanar de

La Habana Virtual

aspecto tropical donde se ofrecía a los enardecidos parroquianos indias bravas de la cuenca del Orinoco y enanas asiáticas traviesas de la cordillera helada del Thai-Thai.

Pata Podrida entró ligero, azuzado por los vapores de la sopa recién ingerida; pero el general comenzó a dudar cuando se vio reflejado en un espejo cóncavo que había a la entrada, en el cual se veía del mismo tamaño que las Thai-Thai, y debido a la impresión que esto le causó, comenzó a sufrir allí mismo un ataque de "prosopagnesia" y a encogerse, y a decir a gritos que él era Pulgarcito y que había sido una canallada y una felonía el haberlo traído a un burdel, donde sin duda su inocencia iba a ser corrompida por el tráfico carnal y la concupiscencia allí reinantes.

Pata Podrida, que ya andaba en calzoncillos y sin la peluca rubia, salió de su habitación del brazo de dos enanas a ver qué pasaba, y cuando vio al general haciendo pucheros suspirando por su pretendida virginidad en peligro, sin perder un segundo lo alzó en peso tomándolo por ambos sobacos, y lo puso en una repisa en la que había varios muñecos de trapo de su misma estatura y lo sentó entre uno de ellos y una Thai-Thai sin dientes y los puso a los tres a jugar a la machuca, mientras él regresaba alborozado a concluir la grata tarea dejada a medias.

Al cabo de un rato Pata Podrida volvió a salir a flote, y después de despedirse muy cortésmente de todos los allí presentes, se dirigió hacia la repisa a buscar al general; pero entonces éste se negó a irse porque había ganado varias partidas de machuca, y no quería abandonar la mano hasta que limpiara al muñeco de trapo y a la enana Thai-Thai de todas las calderillas que aún les quedaban en sus faltriqueras. Cuando Pata Podrida insistió, el general comenzó a emberrinchinarse y el coronel a perder con esto los restos de su fa-

G. Alberto Yannuzzi

tigada paciencia; pero en eso vieron de lejos por una de las ventanas de cristal de Amberes a Barbanegra acompañado de Cartayita bajarse de una volanta vieja y destartalada y entonces, de golpe, se pusieron sus pelucas rubias de Lieja y sus antiparras doradas de Luisiana, para ya marcharse de una vez, dando saltitos de ranita, por entre las penumbras grises de humo de virutas, que ya habían descendido sobre el barrio más triste de la ciudad más alegre.

CAPÍTULO CINCO
LOS ESPEJOS VORACES

&

...Yo vivo en un espejo/en un espejo virtual/
me gustan las imágenes/y el foco puntual...
—Caco Moscatel, guaracha popular, 1754—

Por aquella época sorpresivamente comenzó a acontecer a lo largo y ancho de toda la isla el desconcertante y extraño fenómeno de los espejos virtuales, y muchos habaneros, así como algunos habitantes de provincias y hasta de algunas desperdigadas y remotas villas sin escudos ni blasones, comenzaron a ser devorados por sus espejos. Hubo grandes lunas azogadas que se tragaron en un dos por tres a familias enteras, cuyos miembros ahora vivían en aquel limbo de transparencias huecas sin poder apenas comunicarse con sus familiares y amigos que aún moraban en la banda real.

El general enseguida ordenó cubrir todos sus espejos con unas cortinas de color "kaki" que tenían bordadas las tres letras góticas de su escudo ancestral, las cuales le habían sido otorgadas a sus antepasados tartesios por Pipino el Breve tras la victoriosa y fugaz campaña del Carballón, y cuyo significado era tan secreto que sólo el primogénito de cada generación podía conocer y transmitir al de la generación siguiente.

Existieron casos de personas a quienes los espejos voraces habían atraído como imanes, y éstas nunca podían salir del limbo virtual en que se encontraban confinadas, otras, aunque habían sido deglutidas en contra de su voluntad, podían salir de vez en cuando a atender sus asuntos reales, y

G. Alberto Yannuzzi

un tercer grupo, entre los que se contaba a Barbanegra y su gente, a pesar de desearlo intensamente, eran rechazados por todos los espejos en las numerosas ocasiones en que intentaban penetrarlos. Entonces insistiendo aún más se disfrazaron de viejos ciegos, de frailes penitentes, de banderilleros de novilladas, de zacatecas del Cementerio de Espada, de tarugos de circo, pretendieron ser sordomudos, pederastas activos del Mar Egeo, lacayos del conde de Casa Montalvo, fingieron el mal de San Vito, y lo que aún fue más difícil para ellos, se bañaron y usaron ropa limpia por una temporada, pero no había solución posible, los espejos no se los tragaban de ninguna forma.

Vencidos en todos sus intentos, pensaron que el problema era cosa de santo y seña, y averiguaron las palabras secretas que franqueaban el acceso al Castillo del Morro, al de la Fuerza, a La Cabaña y a los nuevos castillos de Atarés y El Príncipe, y en su premura se olvidaron del de La Punta y de los torreones; pero esto en realidad no importó, y en su lujuria y sofocación quisieron inventar palabras mágicas y abracadabras de cadenas de estambre, que siempre eran vencidos por la tenaz resistencia de las lunas claras de azogue granadino y por la tozudez de sus propias imágines virtuales, siempre de frente a sus humanidades pestilentes.

CAPÍTULO SEIS

LAS CASACAS CAMBIADAS

&

Cuando el general llegó a su mansión dorada, todavía seguía pequeñito a consecuencia de la reflejada cóncava del espejo del vestíbulo del burdel de Extramuros, y maldijo en silencio a Pata Podrida, que lo había tentado con los placeres de la carne, y se recogió con gran sigilo, sin ver a nadie ni pronunciar palabra, con la ilusión de que al otro día al levantarse de su poltrona habría recobrado su estatura normal. (De lo que no se daba cuenta en su turbación era de que así pequeñito había recobrado la habilidad de reconocer a las personas, mientras que si regresaba a su estatura normal, se arriesgaría a sufrir de nuevo del mal de la prosopagnesia).

Al acostarse en la cama inmensa, se puso un gorrito de dormir de rayitas a cuatro colores, que tuvo que desechar porque le quedaba grande y se dobló hacia arriba las piernas del pijama, así como las mangas del camisón, para sentirse más ligero y desembarazado, y cuando asentó la cabeza en la almohada, ya estaba soñando que se encontraba sentado en su palco del Teatro Coliseo viendo una función, que para su sorpresa, en lugar de ser de teatro, era de Diorama, y entre las figuras pequeñitas del frente se encontraba una réplica suya en miniatura, con botas de montar, uniforme amarillo y la gorra imponente que le había confeccionado Montalvo después del 4 de Brumario de 1733 puesta de medio lado sobre su cabeza enorme.

Pata Podrida también aparecía en el Diorama, pero en cambio había conservado su estatura normal; y allí se encontraba también el mayor Dientilargo, con su edecán de entonces, el teniente de caballería de las Patas de Horqueta, así como muchos otros personajes de su círculo íntimo, algunos de ellos, como el capitán de la Cara de Burro, situados al fondo, con una estatura aún mayor de la que normalmente tenían. Sintió como que le daba un vahído y experimentó las náuseas que siempre lo asaltaban en esos trances, y pensó en marcharse; pero entonces se despertó y al hacerlo recordó de golpe que hacía varios años, cuando en una situación parecida se levantó y se fue, dejando la función a medias, todos los expectadores siguiendo el protocolo lo habían imitado en su partida y en la confusión y el barullo, no hubo tiempo de encender todas las bujías de todas las farolas de los guardarropas del teatro y cada uno agarró la casaca que tenía más cerca, dándose el caso de que casi todos los conservadores agarraron casacas rojas de liberal y éstos les correspondieron poniéndose las azules de conservador, y después que salieron a la calle les cayó encima una llovizna pegajosa impregnada de resina de palo de teka, que les pegó las casacas al cuerpo por once meses, de aquí que a ese año desde entonces se le llamó el año "de las casacas cambiadas".

Para el general esto significó el peor contratiempo político sufrido hasta entonces, pues en las próximas elecciones la gente que no sabía leer ni escribir, que en su mayoría eran seguidores suyos, iba a votar por colores, como hacían en todas las elecciones, y sus compinches políticos se iban a vestir de sus colores propios durante los seis meses anteriores a los comicios para que sus seguidores estuvieran seguros de por quién votar; pero con el desastre de la resina de teka, todo se vino abajo y al general no le quedó más remedio que entrar de madrugada al Palacio de la Real Junta Electoral con varios de sus partidarios y cambiar las urnas reales por otras urnas que ellos traían llenas de boletas virtuales, y así asegu-

La Habana Virtual

rarse de que iban a ser elegidos. A esa noche memorable los cronistas de la Villa de Guanabacoa la denominaron desde entonces como "la noche de las espadas cortas", por ser ese tipo de arma el que portaba la mayoría de los confabulados. Mientras tanto el gobernador de las Conchas Plateadas, de quien se afirmaba que casi nunca premiaba ni castigaba, presidía sobre la conclusión de un gran sarao en su *Palacio Chato*, y ajeno por completo a las torvas maquinaciones de sus enemigos políticos, se disponía a concluir la feliz jornada en su forma habitual, y después que todos sus invitados se marcharon, se retiró complacido a sus habitaciones privadas, pensando que en menos de tres meses se iría de vacaciones dejando al timón de la Isla a Carlos el Alférez de Maryland, quien sin lugar a dudas había probado que sería un buen gobernador interino, ya que se había revelado en los últimos años como un gran constructor de caminos reales, trochas, puentes y acueductos a lo largo de toda la Isla.

*

Para el día siguiente el general tenía anunciada la visita del brigadier de la Cara de Plancha. Su llegada estaba anunciada para las once de la mañana, que era la hora en que el general usualmente comenzaba a recibir. Pero éste aún no se decidía a salir de la cama, atormentado por el dilema de su pequeñez, y por la vuelta probable al sufrimiento de la prosopagnesia si recobraba su estatura normal. Se le había ocurrido hacía unos instantes probar a mirarse en un espejo convexo de cualquier otro burdel de Extramuros, para así por medio de este "reflejo contrario" crecer de nuevo; pero no acababa de tomar la fatal decisión, no podía hacerlo, no sabía en realidad qué cosa era mejor, o como diría Pata Podrida, "qué mierda era peor", si ser pequeño y saber quién era quién, o ser grande y no poder conocer ni a su mujer.

G. Alberto Yannuzzi

Con la cabeza hecha un ajiaco por la tormenta mental que ahora sufría, escuchó que uno de sus edecanes lo llamaba para preguntarle acerca del menú que se iba a preparar para el almuerzo con Cara de Plancha; pero el general, que no sabía tampoco que ordenar, se mantuvo en silencio. Viendo esto, el edecán que no había prestado servicio en el Palacio Dorado el día anterior, le preguntó muy respetuosamente si deseaba disfrutar de la deliciosa sopa de testículos de carey, que estaba tan de moda. El general al oír decir "carey" sufrió un terrible acceso de cólera, y en contra de sus buenas costumbres – pues era hombre muy fino – dijo algo obsceno entre dientes. El edecán, sin comprender, se encogió de hombros y ya iba a retirarse cuando llegó apresurado un ujier informando que el operador de la torre de espejos de señales en la azotea había recibido un mensaje cifrado de parte del brigadier de la Cara de Plancha, en el cual éste se excusaba de asistir al almuerzo con el general debido a un contratiempo sufrido en las últimas horas. Resulta que últimamente, cuando hacía el amor después de medianoche, se quedaba trabado como los perros y esa madrugada el percance había durado más que de costumbre, por lo que no se encontraba en condiciones de visitar el Palacio Dorado ni de almorzar con el general.

El general recibió la noticia con gran alivio, pues él también tenía su problema, y como el pobre Cara de Plancha, no encontraba la forma de resolverlo; entonces se envolvió de nuevo en su frazada magnética de peluche de Flandes y suspiró, pensando en los tiempos de antes, cuando llegó a la isla, muy joven, de grumete de un barco fluvial paraguayo, que había sido empujado al Atlántico por una gran creciente del río Paraná, y que entonces había navegado hacia el norte por entre el archipiélago de las Mil Islas, y después de atra-

La Habana Virtual

car en la isla de los Diez Mil Monos, enfiló hacia el gran delta del río del Millón de Caimanes, y de allí fueron a pie hasta la montaña del hueco que miraba hacia la nada, y después de mirar por el agujero durante casi tres horas, lo vieron todo sin ver nada, y regresaron de nuevo al barco y navegaron entonces hacia el Mar Caribe, para allí hacer gestiones para tratar de conseguir un cargamento de "queques" que pensaban vender al menudeo en Sevilla.

Pero siempre aventurero, cuando el barco partió de La Habana con los "queques" con destino a España, brincó la borda a la altura de Cayo Cruz, se ocultó entre sus montañas de escombros por dos semanas y permaneció allí camuflado por las deyecciones de las gaviotas, hasta que un esquife que venía de Tirajana lo rescató y lo dejó en la Avenida del Puerto.

Continuó rememorando sus primeros oficios en tierra, todos modestos, y prosiguió con sus primeros amores, todos traidores, y de cómo fue subiendo en la escala social, peldaño a peldaño, hasta el golpe del 4 de Brumario. Después de esto todo fueron complicaciones; pretender lo que no se era por medio de elaboradas simulaciones, las cuales eran de tal magnitud y lo mantenían tan confuso y atolondrado, que una mañana se levantó y en su laberinto no sabía si ir para Cayo Cruz, llevar los "queques" a Sevilla, regresar al delta del Millón de Caimanes, o montarse en su nueva carroza dorada y dirigirse en ella al Palacio de los Capitanes Generales.

CAPÍTULO SIETE

EL VIAJE A NUEVA FILIPINA

&

Pensando y pensando, el general arribó a la conclusión de que él solo nunca podría resolver sus grandes trastornos de salud, y que para obtener la cura permanente de sus males debía de encontrar a alguien que supiera en realidad desenredar la madeja de sus horribles padecimientos, sin atraer más desventuras sobre su persona. Pensó además que nadie debía verlo así encogido, y se fingió enfermo para no tener que salir de la cama y continuar pensando todo el día en lo que haría.

Después de cavilar por cerca de dos horas, cayó en la cuenta de que los problemas que ahora enfrentaba eran diferentes, y de que no podría resolverlos empleando su método habitual, es decir, dejando que las cosas se resolvieran solas, cuando en eso llegó la hora de almorzar.

Yucateco, su mayordomo de Mérida, vino en puntillas a inquirir que deseaba almorzar, y el general cuando vio que éste se aproximaba, se tapó hasta el cuello con su frazada de Flandes, y dejó solamente fuera del embozo su gran cabeza, ya que ésta era la parte del cuerpo que menos se le había encogido. Durante el almuerzo en la cama continuó cavilando, y ya para la hora del postre y el café creyó haber encontrado la solución del dilema.

Pensó acertadamente que debía buscar a alguien que tuviera un problema tan difícil de resolver como el suyo, y juntos ir a Nueva Filipina, allá en los extremos de Vuelta Abajo, cerca del Cuyaguateje, al término del Camino Real que pasaba por Guanajay, y ver a un africano que allí vivía, de quien

La Habana Virtual

afirmaban que auxiliado por poderes especiales podía conjurar cualquier problema de este mundo o del otro.

Pensó que era mejor partir de noche, y que llevaría consigo sólo un pequeño séquito en el cual vendrían el capitán de la Cara de Tranca y el teniente de las Patas de Horqueta, por si durante el camino encontraban problemas con los bandidos o contrabandistas que se decía que por allí moraban, y que todos irían a caballo en vez de llevar una de sus carrozas, para así ganar tiempo y estar de regreso en La Habana para el festival de las Mazorcas Lirondas que se cultivaban en grandes fincas del centro de la isla.

Contento y feliz por haber tomado ya una decisión que consideraba acertada, el general ordenó que los espejos del Real Cuerpo de Señales instalados en las torres de su Palacio Dorado comenzaran a transmitir el mensaje de su decisión a Cara de Plancha, y las órdenes a Cara de Tranca y Patas de Horqueta, para que estuvieran en su recámara a las veintidós horas de ese día, para revelarles el plan del viaje a Nueva Filipina.

Cuando a la hora señalada los tres oficiales llegaron a la alcoba del general, todos permanecieron respetuosamente de pie hasta que éste los invitó a sentarse. Cuando así lo hicieron, se intercalaron los comentarios y las cortesías de rigor, y pronto el general fue directo al grano. Los tres escucharon en silencio y al cabo de un rato Cara de Plancha fue el único que tuvo el valor de señalar que el Camino Real de Vuelta Abajo sólo existía en la imaginación de los habaneros más optimistas, que lo que allí existía era en realidad algunos tramos de malos senderos y que la población de Nueva Filipina estaba hecha de catorce chozas de guano, una de las cuales era la tenencia de gobierno, y que él sabía de todo esto por boca del marqués de Casa Calvo, que había sido puesto a cargo de levantar un inventario de la región por el conde de Santa Cruz Mopox en años atrás.

Patas de Horqueta señaló que si no era posible ver al africano de Nueva Filipina, podían en cambio tratar de ver a los gitanos que ahora habitaban en la cueva en que había vivido el indio Taganana, al fondo del Monte Vedado.

Al general esto no pareció interesarle al principio, ya que él prefería entenderse ahora con los africanos como lo había hecho siempre que se le presentaba un trance difícil; pero la relativamente corta distancia de La Habana a que se encontraba la cueva de Taganana lo hizo comenzar a interesarse en la proposición.

—¿Y usted conoce a esos gitanos capitán Horqueta? — preguntó al cabo de unos segundos de meditación.

—No en persona, mi general, pero sí de mentadas, y he oído decir que tienen buenos aciertos — respondió Horqueta.

El general volvió a cavilar por unos instantes, y comprendiendo que en realidad no tenía nada que perder y que esta vez el viaje era corto, dio las órdenes apropiadas en forma rápida y certera:

—Brigadier, prepare mi volanta color naranja, en la que usted y yo viajaremos, la escolta nos acompañará a caballo. Que vengan con nosotros el capitán y el teniente y sólo diez soldados, y sobre todo — y aquí hizo un gesto como para indicar sigilo — que nadie se entere de esto, porque si la cosa se sabe, capaz de que nos encontremos a Barbanegra y sus secuaces apostados por los trillos de la Caleta.

CAPÍTULO OCHO
LA CUEVA DE TAGANANA

&

Cuando llegaron a la cueva de Taganana eran ya casi las once de la mañana. Habían salido del Palacio Dorado antes del amanecer por la puerta de servicios. Atravesaron la ciudad aún dormida en total silencio y salieron al otro lado de la muralla por la Puerta de La Punta. Continuaron en dirección oeste y a la altura de la estancia de don Martín Oquendo torcieron hacia el norte, bordeando el Jardín del Obispo hasta el torreón de la Caleta, y de allí prosiguieron hasta la entrada de la antigua cueva de Taganana, en el Monte de la Gata.

Cuando la vanguardia de tres soldados de a caballo arribó a la cueva, ya los gitanos los estaban esperando, pues aunque no se les había avisado de antemano que el general y su séquito los visitarían, ellos conocían del viaje. El general se bajó de la volanta color naranja con la ayuda de Patas de Horqueta, y entonces los gitanos comenzaron a tocar sus panderetas y flautas dándole a la distinguida comitiva la bienvenida que tenían reservada sólo para las personas de abolengo que se llegaban hasta allá. Un gitano andaluz que calzaba alpargatas de yute los anunció, y enseguida pasaron a ver a doña Rocío, que era quien consultaba ese día.

Después de los saludos de rigor, el general fue directo al grano y doña Rocío, que ya conocía de su problema, le dijo que tenía preparados dos espejos convexos, entre los cuales a mediocamino de sus focos y de perfil, se pararía el general para "el estiramiento". Para lo otro, lo del problema de la memoria, hacían falta tres mosquetes y un sahumerio, ya que cuando el general se situara entre los dos espejos y estuviera a punto de ganar su estatura normal, los tres mosquetes tendrían que hacer fuego al unísono, en medio de la nube de vapor del sahumerio, que daría el grado exacto de humedad que existía en el Callejón de la Pólvora en el momento de la explosión primitiva que causó el problema en 1762.

Al general pareció gustarle la cosa, porque el médico holandés que había consultado hacía años para lo de la prosopagnesia le había hablado de algo parecido como el tratamiento a seguir, aunque nunca se hicieron planes concretos para llevar las cosas a término.

Como los gitanos carecían de los mosquetes, un cabo de la guardia trajo tres mosquetes nuevecitos acabados de llegar de Trubia. Rocío los tomó en sus manos uno a uno, les echó unos "abracadabras" y se los pasó a una gitana vieja con más arrugas que dos pasas juntas, que estaba a su lado.

Antes de que se realizara el tratamiento, el general pidió hablar en privado con doña Rocío. Ella lo tomó entonces de una mano y lo condujo hacia el fondo de la cueva, y allí se lo sentó en las piernas como a un niño, lo cual no fue objetado por el general, quien comenzó por decir:

—Usted sabe, doña Rocío, lo mucho que le agradezco todo esto y lo generosamente que voy a gratificarla sea cual fuere el resultado del tratamiento.

La gitana indicó con la cabeza y las manos que no esperaba ni deseaba pago alguno por el favor que le hacía.

El general le indicó con suavidad que hiciera silencio, y ella le acató y se dispuso a escuchar.

—Pues bien, doña Rocío, mi salud no es el único motivo de esta visita. Yo deseo consultarle algunos de mis asuntos políticos, que como usted supondrá son muchos y muy importantes, con el fin de que usted me aconseje que caminos

La Habana Virtual

seguir en mis gestiones públicas en el servicio de la Corona — y seguidamente le preguntó de golpe, con los ojos bien brillosos — ¿Cómo ve usted las cosas?

Rocío dejó escapar un suspiro largo y miró como en un éxtasis el vacío de la pared que tenía frente a ella, y a continuación comenzó a decir:

—En lo que queda de este siglo, que ya finaliza, no habrá nada nuevo. Quedan sólo unos pocos años y no van a suceder muchas cosas. Del siglo que viene sí le puedo afirmar que habrá en él grandes eventos en estas tierras: primero vendrá el *cura de los Pensamientos Lúcidos* a hacer pensar a la gente, le seguirá *Alguien de Otras Tierras*, que llegará con una bandera nueva, pero morirá en la empresa; después vendrán *los generales de los Brazos de Acero* y harán muchas proezas en muchas guerras, pero no será hasta la época del *poeta de la Estrella en la Frente* que todo se resolverá, y entonces vendrá otro tiempo, con un poco más de cincuenta años bastante felices, aunque habrá gente inconforme, y al final de esto ocurrirá el gran desastre que nadie esperaba; pero ya... todo se me oscurece general, no le puedo decir más por ahora...

CAPÍTULO NUEVE
EL PRÍNCIPE DE ASTURIAS

❦

Cuando el general llegó a su Palacio Dorado, los centinelas que permanecían de guardia se cuadraron al verlo pasar, dieron los taconazos de rigor y le presentaron armas. El general, muy orondo con su nueva estatura y con su memoria nuevecita y brillosa, se bajó despacio de su volanta color naranja, los saludó uno a uno llamándoles por sus nombres de pila, les obsequió gustoso sendos racimos de uvas caletas y cuando ya se iba a retirar, se volvió hacia ellos y en un arranque de filantropía los ascendió a todos, de golpe, a cabos interinos, como para compartir con ellos su dicha recién recobrada.

Al llegar a su despacho en el tercer piso de Palacio, ordenó que se le diera cuerda a todos los relojes y que esa noche se encendieran todas las arañas y candelabros de la planta principal, como si hubiera un gran sarao en la mansión, y por último ordenó que fueran descubiertos todos los espejos que estaban tapados, porque deseaba contemplarse en ellos muchas veces en toda su grandeza.

Su esposa, sorprendida por tanta actividad, iba a preguntarle el por qué de todas esas órdenes, pero se contuvo, ya que deseaba que el general conservara su buen humor, porque iba a pedirle más tarde que le permitiera acompañarlo a los astilleros del Arsenal el día de la botadura de *El Príncipe de Asturias*, el gran navío de ciento veinte cañones que iba a ser lanzado al agua la semana entrante, ya que alentaba grandes deseos de ser la madrina del barco y de romper en la dura proa del gran velero el tradicional porrón extremeño lleno de *pru* oriental con que el general había ordenado que bautizaran a todos los navíos de guerra construidos durante su gobierno.

Desde luego, había que ir poco a poco, porque desde el accidente del porrón viejo de Cáceres que se usó en la botadura del *San Hermenegildo* en 1789, el general se había vuelto muy cauteloso en cuanto a todo lo concerniente al largo ritual del lanzamiento de cada nuevo barco a las oscuras aguas de "la siempre turbia" bahía habanera.

Cuando la botadura de *San Hermenegildo*, resulta que un cabo de la guardia le arrancó de cuajo, accidentalmente, el pico de agujerito fino por donde debía beberse *el ponche* a uno de los porrones del *pru* oriental. Temeroso de ser requerido, el militar puso el pico en su lugar y salió a buscar pegamento de saliva de cotorra para componerlo, pero en el trayecto hacia la venduta del viejo Casiano, adonde iba a comprar el pegamento, se encontró con una mulatica clara que se llamaba Canducha, con quien había tenido amores el año anterior cuando prestaba servicios en el apostadero que quedaba hacia el poniente de la Puerta de Carpineti, perdió la cabeza, se le olvidó el pegamento y acabó enroscado con Canducha en un oscuro cuartico de una posada vecina que era propiedad de un valenciano de Buñol a quien todos llamaban Caelo.

Cuando después de la revolcadura volvió a acordarse del pico roto del porrón y del pegamento con que debía componerlo, ya era tarde, porque cuando el general fue a catar el *pru* como era su costumbre, fue derecho al porrón descompuesto, y cuando lo levantó sobre su cabeza y abrió de par en par la gran boca llena de dientes de oro, el pico suelto del porrón le cayó adentro de golpe, y no se lo tragó porque se le trabó en la garganta y tuvo además la buena fortuna de que éste entrara al derecho, y mientras se lo sacaban pudo — aunque esto a duras penas — respirar por el agujerito del

G. Alberto Yannuzzi

pico y salvarse así de morir asfixiado.

A partir de aquel percance, el general se volvió suspicaz y lo revisaba todo de antemano, una, dos, tres veces y desconfiaba de todos los procedimientos establecidos y no iba a la botadura de ningún navío si todas las estrellas del firmamento entonces conocidas y las de su guerrera de color "kaki" no estaban en conjunción con los cuadrantes en los cuales giraban las grandes constelaciones del firmamento que se podía observar durante las noches claras del mes de enero en el Trópico de Capricornio.

Todo esto había sido revisado muy cuidadosamente por unos astrónomos persas que daban consultas en el segundo piso del decorado edificio de la Lonja de Comercio desde el año anterior, y cuando éstos dieron al fin la señal de proseguir, el general dio las órdenes y todo marchó bien hasta el día de los grandes eventos.

Durante la mañana, el general estuvo pasando revista a la *Sierra del Agua*, que era aún movida por el impetuoso torrente de un ramal de la Zanja Real y recordó entonces los tiempos idos de cuando el primer astillero fue construido en el espacio abierto que había entre el Castillo de La Fuerza y la Aduana, y cuando más tarde las obras fueron trasladadas al sitio donde ahora se encontraba "la Machina", para ser situadas definitivamente, por iniciativa del conde de Macuriges, en los amplios terrenos de la antigua estancia de Diego de Soto, donde se emplazaron finalmente en 1733.

Después de inspeccionar la *Sierra del Agua*, se dirigió a los almacenes de materiales y se puso a observar ensimismado las distintas clases de maderas, lonas, sogas marineras y otros aparejos allí depositados para cubrir las necesidades de la construcción y el calafateo de buques de línea.

En estas gratas gestiones se encontraba embebido, cuan-

La Habana Virtual

do reconoció dentro de una gran nube de polvo, en la distancia, a la carroza de su esposa − la generala − que ya llegaba, seguida de cerca por dos calesas de reporteros de la prensa plana, entre los que se destacaban los del nuevo rotativo *El Papel Periódico*, con sus cámaras fotométricas de Focault y sus lámparas de magnesio de Silesia, enviadas desde el puerto de Lubeck por "der Buddenbrooks".

Cuando la generala descendió de su carroza plateada y mientras se rodaban las alfombras de "Kashan" desde el pescante de aquélla hasta el sitio donde comenzaba la rampa que conducía a la tarima que se había erigido al pie de la proa del *Príncipe*, el general, seguido de sus edecanes, apuró el paso, para estar ya posesionado del escenario cuando arribara su consorte.

Allí con él se encontraban los funcionarios de más rango de la plaza; el visitador de la Real Hacienda, el intendente del exército, el presidente del Tribunal de Cuentas y el de la Junta de Diezmos, el superintendente del Ramo de Cruzada y el de la Real Factoría de Tabacos, los jueces de apelaciones de las Dos Floridas y de la Provincia de La Luisiana, el privativo de arribadas, los comisarios de policía de los ocho cuarteles en que estaba dividida la ciudad, los escribanos mayores del Tribunal de Gobierno, el condestable encargado del parque, los ingenieros de marina, el caballero comendador de Arés, el señor de la Villa de Bormujos, los maestros de postas, los apoderados del comercio, el mariscal mayor del Cuerpo de Dragones, los miembros mayores del Real Tribunal del Proto Medicato, el presidente de la Junta de Temporalidades, el caballero regidor, el intendente de Hacienda, los jueces pedáneos, que iban de casaca y calzón azul, chupa, vueltas y collarín encarnado y portaban bastones; los miembros electos del Cabildo, el Tribunal Eclesiás-

G. Alberto Yannuzzi

tico, el señor arzobispo, sus cinco dignidades, nueve canónigos, tres racioneros, dos curas y varios ministros; los ocho capellanes de la Catedral Metropolitana, un sorchante y seis pertigueros; los comisarios del Tribunal de la Fe, y alrededor de éstos, una gran multitud de soldados, gente marinera y el pueblo en general.

Cuando la generala al fin arribó caminando sobre su alfombra de perlas y mostacillas, sonreía de gozo por el placer profundo que sentía por estar una vez más en el centro de los acontecimientos y con paso firme comenzó a subir la rampa de maderas pulidas que la conduciría al estrado; pero ya a medio camino, tuvo la mala suerte de que el finísimo tacón de su zapato izquierdo se hundiera entre la junta de dos tablones y allí se quedó trabada tan firme, que no le quedó más remedio que quedarse parada y comenzar a saludar muy finamente, primero a la gente que se encontraba hacia el este, después a la del noreste, más tarde a los del norte, siguió por el noroeste, por fin saludó hacia el oeste y después al suroeste, continuando con el sur, y ya casi agotados sus rumbos cardinales, trataba de decidirse entre comenzar a caminar sin zapatos o quedarse allí clavada en la mitad de la rampa, cuando un enano de Portobelo, a quien llamaban Tuntún, se deslizó como una salamandra debajo de los tablones y allí en la oscuridad húmeda del entresuelo del Arsenal comenzó a tantear las juntas de los tablones medios, hasta que dio con el tacón trabado de la generala y con una mandarria de bronce que llevaba siempre colgada de la cintura, le asestó un golpe tan recio al tacón, que la generala brincó hacia arriba, hizo una pirueta en el aire y cayó de pie en la rampa, encaminando entonces sus pasos, ya derecha y compuesta, hacia el estrado del general.

El mandatario, muy serio por fuera, se reía a carcajadas

La Habana Virtual

por dentro, divertidísimo con el percance, el brinco y la gran pirueta de la generala y muy finamente la tomó del brazo cuando llegó hasta él y la besó en ambas mejillas, como era su costumbre en las ceremonias públicas.

Después de estas muestras de cariño por parte del general y de los emocionados aplausos que hicieron estallar entre toda la gente, el director de ingenieros de marina, que conducía la acción, entregó el gran porrón de Cáceres lleno de *pru* a la generala, que sin perder un instante, lo estrelló de frente contra la proa del *Príncipe*. Entonces se sacaron los contretes, se picaron las bozas con unas hachas brillosas y *El Príncipe* comenzó a moverse sobre las gradas y los asientos embarrados de sebo. Poco a poco la gran mole se fue soltando y acabó cayendo con gran estruendo entre los vítores y el gran júbilo de la multitud, en las aguas de espumas grises de "la siempre turbia" bahía habanera.

El general y la generala brincaban de gozo, y hasta Barbanegra, a quien nadie había invitado, y que se había encaramado en la *Sierra del Agua* con un grupito de sus amigos brincaba y daba vueltas de carnero con su gente, todos muy excitados por la botadura del *Príncipe* y por la algarabía y el júbilo del gran gentío allí presente.

CAPÍTULO DIEZ
EL MOTÍN DEL ARSENAL

&

"...la Sierra del Agua tiene nombre fuera de la Isla, y es una máquina gobernada por medio de un eje, que tiene una gran rueda movida por un cauce de agua de la Zanja Real, que entra en el Arsenal..."
José María de la Torre, *La Habana antigua y moderna*, 1856.

Cuando el general y su séquito retornaron al Palacio Dorado, éste llevaba el pecho henchido de gozo y no dejaba de pensar en lo bien que le había salido todo durante el día, a pesar del percance del tacón del zapato de la generala. Al entrar al gran salón de los Pasos Encontrados, se fue observando, muy orondo, en todas las lunas de azogue de Versalles, una por una, y al llegar de frente a la última, ésta de súbito se lo tragó, con peluca, uniforme, su sable de goma de Birmania, sus botas de becerro alero alemán y sus espuelas mejicanas de Tulancingo.

Al principio no comprendió el fenómeno y solamente le pareció que había entrado por una puerta común y corriente; pero cuando quiso salir de donde se encontraba, dio un tropezón, intentó de nuevo y tampoco pudo, y sólo entonces vino a su mente, de un golpetazo, el recuerdo del fenómeno de los espejos virtuales y de lo que estaba sucediendo de un tiempo acá en sus dominios delegados, y maldijo entre dientes – porque en el fondo era un hombre muy fino – la hora en que ordenó descubrir los espejos de Palacio, después de su regreso de la exitosa visita a los gitanos de la cueva de Taganana en el Monte de la Gata.

La Habana Virtual

El jefe de sus edecanes, muy alarmado, intentó rescatarlo; pero todos sus esfuerzos fueron en vano, como fueron todos los esfuerzos hechos anteriormente en casos similares a lo largo y ancho de la Isla, y aunque lo ocurrido ahora resultaba mucho más grave por tratarse del general, en realidad no existía forma alguna de traerlo de nuevo al mundo real y rescatarlo del mundo virtual en que ahora se encontraba sumergido.

La única persona de la comitiva que no se inmutó con el percance fue la generala, quien continuó rumbo a sus habitaciones por la gran escalera lateral, sin hacer mucho caso del accidente y pensando para sus adentros que el general resolvería esta delicada situación como había resuelto todos los difíciles dilemas que se le habían presentado anteriormente a partir del lejano golpe del 4 de Brumario

Sus edecanes, consternados, no sabían qué hacer, y el general, como siempre, muy considerado, los despidió, y les dio las buenas noches con su voz grave, y les dijo que se retiraran a sus habitaciones y que por la mañana seguramente encontrarían la forma de traerlo de nuevo al mundo real.

Como no tenía sueño, se puso a observar detalladamente el mundo virtual en que ahora se encontraba y lo encontró interesante y vio complacido que en esta Habana existía de todo y que la misma no era más que una réplica de *La Habana Real* que estaba afuera de todos los espejos. Comenzó a adentrarse entonces en los vericuetos de este mundo repetido y nuevo, y cuando salió del Palacio, vio las mismas calles, los mismos edificios y mucha de la misma gente que antes había habitado *La Habana Real*; siguó andando azuzado por la curiosidad y de pronto se vio en un callejón que no recordaba y entonces se dirigió a una de sus esquinas donde estaba con seguridad escrito el nombre de la estrecha vía y para

G. Alberto Yannuzzi

su sorpresa cuando lo leyó vio que estaba en el callejón de la Picota y no entendió ni pío, hasta que llegó un sereno que era de Logroño y tenía los pies planos de tanto andar las calles habaneras y le explicó que en *La Habana Virtual* todos los letreros estaban al revés, por ser éstos un reflejo de los letreros al derecho de *La Habana Real*; pero que ese problema se resolvía muy fácilmente con sólo proyectar la reflexión al revés en otro espejo y le mostró un espejito pequeño y alargado que él siempre portaba para ese menester y le dijo que fuera a la siguiente mañana a la fábrica de cigarros "Partagás" de la calle de la Amistad, donde le obsequiarían uno, como cortesía de la conocida firma cigarrera.

El general, muy amable, le dio las gracias y encaminó sus pasos a través de aquel mundo invertido y congruente hacia su palacio virtual, para ya de una vez acostarse a dormir.

Esa noche sólo tuvo pesadillas, y soñó que estaba en la Audiencia, en su reunión semanal con los oidores y que todos escribían con la mano izquierda, y que cuando iban de un lugar a otro lo hacían caminando hacia atrás, y que cada vez que él iba a sacar un documento de uno de los bolsillos derechos de la casaca, siempre introducía la mano en un bolsillo izquierdo y cuando iba a extraer algo de un bolsillo izquierdo, siempre su mano iba a parar al lado derecho.

Cansado de sus pesadillas decidió despertarse y se levantó temprano, como a eso de las cinco de la mañana, y se dirigió entonces hacia el gran espejo de marco dorado, por el cual había penetrado la noche anterior en aquel mundo de desorientación y pesadillas. Desde esa antesala del mundo real y de lo verdadero, convocó a sus edecanes, quienes vinieron prestos e inquirieron, solícitos, el motivo de la llamada a horas tan tempranas.

El general les dijo que él continuaría ejecutando sus que-

La Habana Virtual

haceres diarios desde aquel medio virtual, y pidió que le trajeran su desayuno y que prosiguieran con los informes del día, para como siempre dar las órdenes, disposiciones de rigor y editar las proclamas que como era la costumbre de entonces serían pegadas en los troncos de los árboles de todos los parques capitalinos y por las cuales los habaneros se enteraban de cuáles eran sus deseos para la jornada.

En estos quehaceres se encontaba, cuando Pata Podrida y Cara de Plancha llegaron muy excitados y le informaron que Barbanegra y los suyos seguían encaramados en la *Sierra del Agua*, que estaban todos borrachos por el vaivén de la misma y porque desde la botadura del *Príncipe de Asturias*, el día anterior, no hacían sino beber aguardiente de caña, y que habían formado "un tan grande escándalo y una tan grande algarabía", que los buenos vecinos del Barrio de Campeche habían venido a montones a quejarse al cuartel de policía de la demarcación, porque el motín y los pleitos de Barbanegra y los suyos no los dejaban dormir en paz y dijeron además que "antes de venir al cuartel de policía se le habían ido a quejar a Ulsiceno, el curro jefe de los serenos del Arsenal, quien con mucho garbo se había dirigido a la turba, parado muy chulón de frente a ésta, ordenándoles que se marcharan de una vez porque, si no lo hacían, los iba a mandar a prender", a lo que éstos respondieron con imprecaciones indecentes y el lanzamiento de botellas de aguardiente vacías y que una de éstas había hecho blanco en la cabeza del majo de Ulsiceno, dejándolo inconsciente y sangrando, y que fue menester llevárselo apresuradamente a una casa de socorros cercana, donde a esas horas lo estaban curando.

El general escuchaba todo esto estupefacto y no sabía que decir u ordenar. El jefe de sus ayudantes le propuso in-

G. Alberto Yannuzzi

terrumpir temporalmente el flujo de agua del ramal de la Zanja Real que movía *la Sierra*, lo cual la haría detener y privaría así a Barbanegra del movimiento que alimentaba su algarada. Cara de Plancha y Pata Podrida no estuvieron de acuerdo y recomendaron lo contrario, es decir, que se aumentara el caudal de agua para que *la Sierra* girara más rápido y Barbanegra y los suyos se aturdieran, y entonces en ese estado bajarlos a garrotazos.

El general, indeciso, no sabía qué hacer, ni qué órdenes impartir. En eso llegó su desayuno y trató de comenzar a comer; pero no pudo sacar las manos del mundo virtual en que se encontraba sumido, y tuvo que conformarse con beber el reflejo del café con leche humeante y real que estaba del otro lado y comerse uno de los panes con mantequilla virtuales, que no eran más que la reflexión de los reales que estaban al otro lado del espejo.

Después que concluyó con el desayuno, se decidió por la solución ofrecida por Pata Podrida y Cara de Plancha, y dijo que en la *Sierra del Agua* nadie podía vivir permanentemente y ordenó que fuera aumentado inmediatamente el flujo de la Zanja, para que *la Sierra* girara más rápido y los aturdiera, y dicho esto, los despidió a todos y tomó entonces un mapa antiguo de Cuba a colores, lo estiró y se echó al suelo, como era su costumbre desde hacía años, a contemplar sus dominios prestados, que se extendían interminables de oriente a occidente.

Cuando se cansó de jugar con el mapa antiguo, se recostó en un sofá de Astrakán carmesí y comenzó a pensar en serio acerca de su nueva situación y recordó que en laVilla de los Remedios, allá en el centro de la Isla, moraba el gran físico de las antiparras gruesas, Antón-Ben-Leibha, que era la única persona en sus territorios que tenía grandes conoci-

La Habana Virtual

mientos de física y de lentes y espejos, y ya iba a dar la orden de que lo localizaran y lo trajeran ante su augusta presencia, cuando recordó que uno de los Carrillos de allá de Remedios, que lo había visitado en días atrás, le había informado que el gran físico de las antiparras gruesas ya no moraba en la Villa, sino que se había marchado a Puerto Príncipe, adonde ahora impartía sus doctrinas semi-heréticas en el gran seminario de las escalinatas anchas, que hacía algunos años había sido construido en la margen izquierda del Río Hatibonico.

CAPÍTULO ONCE

EL RESCATE DEL GENERAL

&

El general meditaba y meditaba y continuaba cada vez más sumido en la madeja de sus confusos dilemas. Lo que más le molestaba, después del percance del espejo, era que Barbanegra continuara subido en *la Sierra*. Ahora había rumores de que tenía con él allá arriba a un argentino enigmático que se parecía a Cantinflas; pero que no hacía chistes como éste, porque era de un natural antipático, ni podía cantar tangos porque sufría de bronquitis crónica y además se pasaba el tiempo haciendo inventos que ya estaban inventados y decían de él que en el fondo pensaba que los cubanos no valían mucho, pero que andaba tan arrollado y maltrecho retratando al que podía en la capital del virreinato plateresco de *La Nueva España*, que un día abordó el barcucho que capitaneaba entonces Barbanegra y con el cuento de que era curandero graduado vino a dar a la Isla.

Sumido en tan turbios pensamientos, el general meditaba profundamente, cuando escuchó unos rumores procedentes del mundo real de que el gobernador de los Dedos de Alambre, el que junto a él había surgido a la luz cuando el lejano golpe del 4 de Brumario, andaba maquinando combinaciones subterráneas para introducirse en Palacio. Esto, pensó el general, no le resultaría nada fácil, sobre todo ahora, que había puesto al frente de su escolta al alférez de la Cara de Perro; pero desde luego, si Dedos de Alambre se ponía a conspirar con los demás, a lo mejor le hacían perder entre todos el equilibrio, y no sólo iba él a salir perjudicado, sino que quizás – y esto era verdaderamente trágico – Bar-

La Habana Virtual

banegra y su horda, en la confusión general del traspiés, se podían bajar de *la Sierra* y ocupar todo el Arsenal y eso sí era grave, porque si parte de La Habana caía en poder de los piratas, entonces sí que había que largarse de una vez para Tacuarambó, a moler café y a cantar canciones tristes en guaraní.

En la otra esquina, el gobernador de las Conchas de Plata, junto a un grupo de los suyos y amigándose con su ex-enemigo y detractor, el comendador Ronco de Alquízar, habían firmado entre todos el Pacto de Mount Royal en contra suya hacía unos días y esto lo tenía también algo preocupado. No era que estas gentes uno a uno pudieran destronarlo; pero una coalición de todos ellos podía desencadenar un temblor de tierra ligero, y si se rompían los espejos grandes de sus salones anchos, le habían dicho que vendría un gran remolino a llevárselo hasta el hueco que miraba hacia la nada en la Montaña Azul de la Isla de los Diez Mil Monos.

Así, todo encogido y hecho una plepa, escuchó rumores de gentes que venían por los pasillos reales del otro lado de los espejos de los grandes marcos dorados y vio a Pata Podrida y a Cara de Plancha, y a Patas de Horqueta, a Cara de Perro y a Cara de Tranca, todos vestidos con sus uniformes amarillos, azules y blancos, portando lanzas y picas, y entre ellos venían dos viejos hechiceros de la honesta Villa del Caney y sus asistentes, que los seguían de cerca, cada uno con un gran mazo de tabacos en cada mano, y cuando llegaron frente al espejo grande que se lo había tragado, sin decir palabra, comenzaron a cantar en lengua persa, y a fumar tabaco y echar el humo por todo el recinto, y cuando todo se nubló con el humo y casi no se podía respirar debido al gran sahumerio que se había formado, unos brazos fortísimos se adentraron en el gran espejo y lo halaron de golpe, trayéndo-

G. Alberto Yannuzzi

lo súbitamente al mundo real, y entonces se escuchó un gran estruendo, como de truenos, y se vieron rayos y relámpagos dentro del Palacio Dorado, y cuando se despejó el humo allí estaba de nuevo el general, del lado de acá, y allí estaba también el gran espejo, que cansado y gastado ya no podía reflejar nada y allí estaban muy serios los dos hechiceros, y todo el mundo permaneció en silencio, hasta que el más viejo de los dos, que parecía sumero, le dijo al general que lo había sacado esta vez del mundo de los espejos, no por él, ni por sus méritos, sino porque "los poderes de arriba" le habían encomendado, como gobernador que era de la Isla, el delicado asunto de la sumisión de Barbanegra y su tropa; pero que si en vez de ocuparse seriamente de eso, de una vez, seguía con sus negocios turbios y abusando de la gente y no escuchaba los consejos de quienes deseaban ayudar, iba a tener que rendir cuentas y atenerse a las consecuencias, que iban a ser bien malas esta vez para todo el mundo.

El general, con gran alborozo, prometió, ofreció, agradeció y se obligó a seguir los consejos de los oráculos; pero a las dos horas, ya esta última parte de su última aventura se le había casi olvidado y mandó buscar a la generala y juntos partieron en una volanta rápida hasta la Fuente de Neptuno, en el Paseo del Prado, y de allí se dirigieron a beber *frucanga* al puesto del Peñón, y cuando ya llegaban comenzaron a discutir a viva voz, porque la generala se empeñaba en llamar *sambumbia* a la *frucanga*, y el general, muy fino, la corregía y le decía que el nombre que ella quería usar era muy plebeyo y vulgar, y que si ella se empeñaba en pedir *sambumbia* en vez de *frucanga*, él daría órdenes de regresar al Palacio Dorado y allí beberían limonada o *pru*. La generala torció la boca y dijo que entonces no bebería nada y que mejor regresaban, a lo que el general, siempre prudente, asintió y

La Habana Virtual

con un gesto le indicó al cochero que regresara a su mansión dorada.

CAPÍTULO DOCE

LAS EDIFICACIONES DE EXTRAMUROS

&

Al día siguiente, mientras despachaba asuntos de gobierno, el general se encontró con una petición, que basada en el artículo 12 de la Ordenanza de Ingenieros de 1764, solicitaba que se demolieran varios edificios construidos en el barrio de Extramuros, ya que estaban situados a menos de las 1500 varas de distancia de las fortalezas, como estipulaba la mencionada orden del director de ingenieros, don Silvestre Albarca, dada en los tiempos en que se le encargó la formulación del plan de defensa de la ciudad.

Al general esto le cayó como una bomba, pues él y sus compinches más allegados eran los propietarios de la mayoría de los edificios construidos en esos terrenos, que habían ocupado sin abonar un céntimo, así como de los que se habían erigido en el lugar en que había estado la antigua ciénaga que corría del Castillo del Príncipe hasta Puentes Grandes y que se consideraba parte de la defensa de la plaza.

El general no dijo nada, pero le dio a uno de sus secretarios la orden de que pusiera esta petición en el fondo de la pila y siguió despachando durante varias horas. Desde luego, el asunto de los terrenos de Extramuros le siguió bailando en el meollo, y cuando abandonó su despacho, tomó los papeles, se los introdujo en los bolsillos de la chupa y se los llevó consigo para leerlos con más calma cuando se retirara esa noche a sus habitaciones privadas.

Después de cenar temprano, leyó los titulares de varios diarios. En uno de ellos se daba la noticia de que muchos desempleados y otras gentes inconformes, cuyos problemas

La Habana Virtual

se le atribuían a las gestiones públicas del general, se habían marchado para *la Sierra* con Barbanegra, a pesar de los tres cercos que se habían montado en la periferia del Arsenal, y que desde allí le tiraban piedras a los soldados que no se decidían a subir porque pensaban que no valía la pena ir a fajarse con ellos y porque a la mayoría de sus jefes no le interesaba combatir a los piratas, sino seguir disfrutando de la vida dulce y fácil de "la Siempre Fiel". A los pocos jefes que querían pelear aquéllos les entorpecían sus planes, les mojaban la pólvora y hasta les quitaban durante la noche las herraduras a sus cabalgaduras o les cortaban las cinchas a sus monturas.

El general conocía de estas acciones, pero como a él tampoco le interesaba mucho la guerrita, no hacía ni disponía nada y sólo pensaba en cómo llenar aún más sus repletas arcas.

Esa noche el jefe de sus ayudantes, el brigadier de la Vista Clara, le entregó unos informes del frente, junto con unas recomendaciones suyas, muy atinadas, para la conducción de la contienda; pero el general, en lugar de llevarse esos documentos para su alcoba, se llevó los otros, los de la petición relativa a los terrenos de Extramuros y los estuvo estudiando hasta altas horas de la noche a la luz temblona de unos velones de cera perfumados.

Al cabo de varias horas arribó a la conclusión de que lo de las 1500 varas era porque los edificios situados en esa zona se encontraban dentro del tiro del cañón de las fortalezas, y entonces se le ocurrió la idea genial de "que el problema eran los cañones y no los edificios", y de solucionar la cuestión ordenando suprimir toda la artillería que estaba emplazada en las fortalezas y de abolir entonces todos los decretos existentes relativos a los terrenos de Extramuros, porque ya no había necesidad alguna de conservarlos, sobre todo el de 1778 en que se reafirmaba la prohibición de fabricar dentro de las 1500 varas del camino cubierto, bajo pena de demolición y de trabajar durante seis meses en las obras de fortificación a los alarifes y operarios, así como a todas las personas que llevasen los materiales a las obras.

Con el bronce de los cañones, que se mandaron fundir con gran premura, se acuñaron unas monedas que tenían el perfil del general en una de sus caras y el de una grulla y uno de sus lemas políticos en la otra.

CAPÍTULO TRECE
EL CONSEJO DE MINISTROS

En la próxima reunión de su consejo de ministros, el general incluyó en la agenda el proyecto de ley que estipulaba la demolición de los bastiones de las fortalezas en que habían estado emplazados hasta hacía poco los cañones fundidos y convertidos en monedas de bronce.

Entonces algunos de sus ministros y asesores allí presentes comenzaron a argumentar que con Barbanegra y sus secuaces alzados aún en *la Sierra* resultaba muy arriesgado demoler los bastiones, porque aunque ya se habían eliminado los cañones, si el peligro arreciaba, se podía traer otros, quizás de más calibre que los suprimidos y emplazarlos con presteza en el mismo lugar en que habían estado los anteriores y con su ayuda hacerle frente al avance de los piratas.

El funcionario de la prisa interior, siempre nervioso, no sabía qué decir; pero de cuando en cuando se paraba y comenzaba a caminar alrededor de la gran mesa de caoba de conferencias. El general, comenzando a exasperarse, le pidió muy cortésmente que se sentara de nuevo y que por favor controlara su impaciencia.

El síndico de la conversación aburrida sin embargo hablaba y hablaba como hacía casi siempre, pero nadie le ponía asunto al torrente color de sepia de sus tediosos alegatos; en eso, el corregidor de Banaguises, que era tartamudo de pensamiento, aunque no de palabra, intentó decir algo; pero le sucedió como otras tantas veces y no pudo coordinar su alocución con la necesaria claridad.

G. Alberto Yannuzzi

Más tarde un funcionario catalán, que había llegado de Europa hacía unos pocos meses disfrazado de fraile en un bergantín de velas moradas y que tenía la costumbre antigua y común a ciertas razas mediterráneas de hablar al revés aunque pensara al derecho, ya que así se protegían muy eficazmente de las otras razas que hablaban casi siempre al derecho aunque pensaran al revés, comenzó a entonar un florido discurso y a argumentar en una especie de galimatías del tiempo de las Guerras Púnicas, y que casi nadie entendía, en favor de la proposición del general.

Desde luego, esto lo hacía el catalán porque ya se había puesto de acuerdo en secreto con el mandatario, mediante la promesa de recibir una jugosa comisión, para recoger y transportar todo el material que se demolería, para con éste comenzar a construir los cimientos de otros edificios de departamentos en el barrio de Extramuros y en cuyas escrituras aparecían dos sobrinos suyos, que eran naturales de Mataró, como dueños únicos de las construcciones, siendo éstas en realidad propiedad del general y de unos inversionistas blancos de Alabama que eran sus asociados en ésta y en otras empresas, todas ellas muy lucrativas.

En eso uno de los edecanes anunció, dando tres sonoros bastonazos en la puerta principal que daba acceso al salón de sesiones, la llegada del funcionario encargado de la supervisión de puentes y calzadas, quien entró a continuación muy fresco y orondo, saludando al general con una reverencia, que le fue contestada por éste con un gesto indefinido, después de lo cual ambos se retiraron a una esquina del gran salón, donde se pusieron a contar y a poner en pilas de a quince las relucientes monedas de oro que aquél le entregaba al mandatario por concepto de sus comisiones en la compra de materiales de construcción adquiridos por el gobierno

La Habana Virtual

colonial de ciertos proveedores que no se distinguían precisamente por la calidad de los productos que manufacturaban y que vendían a precios bastante inflados, sobre todo después del pasado mes de febrero, durante el cual se había eliminado, por decreto del general, el tradicional proceso de subasta para adjudicar las contratas de obras púbicas.

Cuando terminaron con el conteo y la entrega, hablaron de otros asuntos turbios y comunes, en todos los cuales el general percibía jugosas comisiones, y ya casi cuando se iba, el supervisor de puentes y calzadas indagó con él acerca de cuándo se iba a resolver el problema de Barbanegra en *la Sierra*.

El mandatario frunció el ceño, permaneció en silencio por un instante y después dijo con su voz grave de barítono:

—Eso no tiene la menor importancia, puedo acabar con esa gente en cualquier momento que lo desee; pero mejor los dejamos ahí por algún tiempo y nos podremos agenciar así buenas comisiones con los proveedores del ejército y con los fabricantes de armas. Barbanegra en *la Sierra* puede ser una mina de oro para nosotros los verdaderos hombres de empresa. No hay apuro en acabarlo.

El funcionario se encogió de hombros, torció la boca tratando de sonreir, y estrechándole la mano le dijo al general al mismo tiempo que hacía un gesto de despedida:

—Como usted diga mi jefe, usted conoce más que nadie de menesteres de gobierno y empresas, y toda esa gente que está allá arriba bien que puede hacernos muy ricos...

*

Cuando el general volvió a sentarse en su gran silla dorada a la cabecera de la mesa de conferencias, varios de sus ministros ya dormitaban. Él lo notó, hizo un sonido gutural característico para despertarlos, pero como continuaban dando cabezazos en el aire, tomó una campanita plateada que siempre conservaba a mano para ser usada en casos de necesidad y la hizo sonar varias veces hasta que sus ministros comenzaron a volver en sí.

—Decíamos – dijo para continuar el debate – que los bastiones de las fortalezas deben de ser demolidos por inútiles y porque ya no tienen función y porque su peso muerto con el tiempo puede dañar las estructuras de las edificaciones, que pudieran comenzar a inclinarse hacia delante como la Torre de Pisa, allá en Italia; así me lo han confirmado mis ingenieros militares, y entonces el costo de traerlos a su posición primitiva sería prohibitivo –. Los ministros, ante la firme posición del general, no argumentaron nada, sino que solamente indagaron cómo se iban a retirar los escombros que ocasionaría la demolición.

—Esto – dijo el general – es algo que siempre tendremos que agradecer a don Carlos Puig – que así se llamaba el catalán – Su preocupación por el bienestar de nuestra isla es tal, que nos ha ofrecido desinteresadamente ocuparse de retirar los escombros sin percibir un centavo, y más que eso, pagando de su propio peculio cualquier gasto que esto pudiera ocasionar, con tal de que se los dejemos conservar, porque tiene el piadoso propósito de rellenar unos terrenos cenagosos que posee en el barrio de Campeche y que piensa donar a unos frailes penitentes para que construyan allí un convento.

Dicho esto, todo el mundo asintió y se aprobó la moción por unanimidad y los escribanos de palacio tomaron nota, y se sellaron y lacraron todos los documentos con los cuños secos del general y los de la capitanía general, y se cursaron las órdenes pertinentes para que todo lo aprobado fuera publicado sin demora en la próxima Gaceta Oficial.

CAPÍTULO CATORCE

LOS PIRATAS DE LA SIERRA

&

Mientras tanto, allá en *la Sierra*, Barbanegra y sus secuaces planeaban nuevas operaciones y estrategias para sus interminables campañas militares. Pensaban que muy pronto, debido al incremento que experimentarían sus fuerzas con los nuevos reclutas que las irían engrosando, podrían comenzar a ocupar todo el Arsenal y empezar a cobrar peaje y tarifas a todos los vehículos que transitaran por las calzadas vecinas, así como decretar la imposición de tributos y gabelas a los comerciantes del vecindario.

El argentino de los inventos inventados no cesaba de trabajar en sus experimentos con arcos de flechas rectos y arcabuces de mecha sin mecha, así como en una nueva versión de ballestas francesas que no hacían ruido ni culateaban. Ya en días atrás había cosechado un gran triunfo al inventar una rueda cuadrada, lo que según él evitaba que el vehículo que las usara tuviera que tener frenos, y unas velas de cera sin pabilo que aunque no alumbraban de noche, resultaban muy efectivas durante el día, a pleno sol, y además economizaban muchos fósforos; y Barbanegra lo alentaba a continuar con sus inventos inventados, y a veces cuando más ebrios se hallaban al vaivén de *la Sierra*, discutían y especulaban sobre la filosofía marxista de los antiguos sumeros, la lógica y los silogismos más comunes usados por los pueblos mesopotámicos, el Césare-Camestre-Festino-Baroco de los antiguos cretenses, o las condiciones político-sociales de las viejas ciudades de Ur y Nínive antes de que sus esquinas más transitadas se dotaran de semáforos, y juntos, enterneci-

G. Alberto Yannuzzi

dos y babosos, hacían planes grandiosos y torcidos para el futuro próximo pasado que según ellos se avecinaba y para el día cercano en que ellos fueran los mandarines de la próspera colonia, así como de los cambios y reformas que implementarían a lo largo y ancho de la Isla redimida para siempre; y hablaban por señas, en voz baja, o valiéndose de señales de humo o de espejos convexos que emitían luces opacas, para que así nadie fuera del círculo más íntimo de sus íntimos, o sea, el constituido por las personas más allegadas, sus parientes y numerosas concubinas, pudiera tener conocimiento pleno de la tenebrosa profundidad de sus aberrados conceptos filosóficos, ni del proceso telúrico y de los cambios oligocénicos de la edad terciara que pensaban implementar cuando se deshicieran del general de las Patillas Largas y de sus seguidores de pies planos y quijadas trabadas.

—Nadie tendrá que trabajar más — comenzaba diciendo Barbanegra, a lo que siempre asentía el filósofo pampero, quien a su vez añadía:

—Y no se necesitará tampoco comer, porque estoy inventando unas obleas mágicas, con muchas calorías y vitaminas, que suprimirán el apetito y nutrirán mejor a la gente.

—Y no sembraremos más caña — decía Barbanegra y proseguía, — sembraremos en su lugar "espaguetis" y macarrones y obtendremos cincuentidós cosechas al año, una con cada cambio de luna, y en vez de comerlos con salsa de tomate y queso parmesano, la gente los comerá con tripas de calabaza, que tiene menos grasa y es más saludable; y aboliremos el uso del dinero y la gente cambiará unas cosas por otras, y cerraremos los bancos y los hospitales, porque no habrá más transacciones que realizar ni enfermos que sanar, por la mejoría en la alimentación y los cambios en los hábitos de vida; y castraremos a todos los enanos, para que to-

La Habana Virtual

dos seamos de elevada estatura; y derribaremos los techos de todas las casas y edificios para entonces recibir siempre en pleno pellejo la saludable luz solar; y aboliremos todos los cuerpos de bomberos, porque no habrá más incendios; y demoliremos todos los acueductos y arrancaremos todas las tuberías, porque vamos a fabricar un aljibe en cada casa y así beberemos solamente agua de lluvia, que es más sana; y eliminaremos el color de las personas: ni blancos, ni negros, ni amarillos, ni cobrizos, todos seremos verdes mediante un proceso de eliminación del pigmento de la epidermis y la añadidura posterior de clorofila; y quemaremos todos los libros y haremos libros nuevos en sistema Braille, para que puedan ser leídos por todos, de día y sobre todo de noche, sin que tengan que usarse velas, y escribiremos en tablillas de barro, como los antiguos caldeos, que durarán seis mil años y proclamarán por generaciones a los cuatro vientos la grandeza de nuestra revolución verde; y prohibiremos el uso de almohadas para la cabeza y haremos leyes para que se fabriquen veinte millones de almohadas para los pies, que son los que en realidad trabajan; y nuestros cirujanos extraerán la masa muscular que está en la pantorrilla y la injertarán sobre el hueso de la canilla, que es en definitiva adonde van a dar todos los golpes; y apagaremos la farola del Morro por las noches y en su lugar pondremos una banda militar a tocar *La Internacional* para traer a los barcos a puerto con ese novísimo canto de sirena; y cerraremos todos los templos, porque la Isla entera será nuestro templo; y clausuraremos todas las escuelas y los niños aprenderán solos haciendo observaciones en las calles de las ciudades y en los campos circundantes; y no habrá más jueces ni magistrados, sino que la gente se aplicará la justicia unos a otros; y cerraremos todas las cárceles y precintos, y para que esto sea posible, ejecutaremos a todos los reos; y se prohibirá terminantemente el uso del calzado y como resultado de esta medida se les endurecerán las plantas de los pies a todos nuestros súbditos y después de un tiempo será posible que todos puedan caminar sobre tizones y clavos punteagudos sin sentir dolor ni pesadumbre, porque les brotarán pezuñas en los pies como a los asnos, que les servirán de aisladores térmicos y de corazas; y no comeremos más peces, sino que deglutiremos insectos, que son más numerosos y variados en nuestro medio ambiente y no hay que salir al mar a pescarlos; y las casas no tendrán puertas, ni las ventanas barrotes, para que todo el mundo pueda visitarse a cualquier hora del día o de la noche; y se cerrarán todos los burdeles y se decretará el amor libre entre todos los súbditos de la colonia, así como entre éstos y todos los súbditos de países amigos; y traeremos millones de analfabetos de todas partes, que nos enseñarán nuevas artes y ciencias; y construiremos una cerca enorme alrededor de la Isla y sus cayos adyacentes para que nadie se pueda marchar y sufrir y padecer en otras tierras, sino que disfrutemos todos por siempre de los generosos beneficios de nuestro gran sistema; y no habrá más música ni bailes ni saraos, sino que en su lugar tendremos grandes concentraciones de carácter político, en las que nadie hablará desde la tribuna, sino en las cuales todos gritaremos muy alto y al mismo tiempo hasta desgañitarnos... y se prohibirá enfermarse, bajo pena de muerte...

—Y el inmenso Barbanegra, nuestro gran líder – añadió el argentino – tendrá siempre la razón en todo, por los siglos de los siglos, así como el derecho de pernada sobre todas las doncellas del realmo y para consumar este acto usará el yelmo de Membrino o el casco de plumas de guacamayo de su ilustre antepasado Vasco Porcallo de Figueroa; y se cerrarán todos los hospitales mentales y sus pacientes sustituirán a todos los funcionarios importants del gobierno actual, y se

La Habana Virtual

llenarán estos asilos mentales con las personas que no crean en la justicia de la revolución de nuestra gente verde y se les azotará diariamente y se les hincará a los malagradecidos con clavos ardientes, y todo esto se hará con el noble propósito de hacerles volver a la razón... y nuestros dentistas, que serán los mejores de todo el universo, extraerán muelas por el ano, para que la gente no tenga que experimentar la incomodidad de abrir la boca y después aprenderemos a caminar en cuatro patas y por consiguiente las paredes y los techos de nuestros hogares serán más bajos y con los materiales de construcción que ahorremos gracias a estos nuevos diseños erigiremos muchas cárceles de paredes altas y techos de catedral, en donde encerraremos a todos los hombres erguidos que se nieguen a caminar en cuatro patas, y mientras más se empeñen en caminar en dos patas y en continuar mirando hacia arriba, más cerrojos les pondremos a las puertas de las rejas de las cárceles; y a la gente de otras tierras que venga a visitarnos y a contemplar extasiada las maravillas de nuestra revolución, les diremos que todos son unos tarados, que todos son unos maleantes y que son unos ingratos, por negarse a caminar en cuatro patas, como establecen nuestras nuevas leyes revolucionarias de redención eterna...

Y así continuaban enunciando proyectos hasta el infinito, o hasta que caían boca arriba exhaustos y rendidos de fatiga de hacer tantos planes, y entonces dormían como lirones hasta el siguiente mediodía en que eran despertados por el eco de los tiros de mosquete de los soldados del general de las Patillas Largas, que hacían sus prácticas diarias de puntería en las calles distantes de adoquines espejizantes de la remotísima y envejeciente *Habana Virtual*.

CAPÍTULO QUINCE
LA DUDOSA MORALIDAD

&

En el Palacio Dorado existía una gran conmoción desde el amanecer. Batallones de soldados y policías vestidos de ujieres y disfrazados de lacayos daban en medio de una gran agitación y griterío de órdenes los toques finales para la gran recepción que se ofrecería en horas de la noche en honor a los inversionistas extranjeros que habían construido los grandes hoteles y los rutilantes casinos de juego que ahora adornaban a "la Siempre Fiel".

El general, muy orondo, había suspendido todas las reuniones pendientes con sus consejeros militares y había prohibido que se le hablara de Barbanegra y de *la Sierra* durante dos semanas, para así poder ocuparse personalmente de todos los preparativos relacionados con la gran fiesta.

A las siete de la noche se mandaron a iluminar todos los salones y se encendieron todas las arañas y candelabros traídos especialmente de Estrasburgo y Coblenza en globos aerostáticos transatlánticos para la gran ocasión. Seis cuartetos de cámara, cada uno situado en un nicho cóncavo a lo largo del gran Salón de los Pasos Encontrados, entonaban fugas de Bach o tonadas de Mozart y Handel para deleite de los distinguidos invitados.

Exquisitos manjares servidos en riquísimas vajillas de Limoges, así como cientos de botellas de finísimos licores franceses decoraban las largas mesas de caoba y mármol vestidas para la ocasión con primorosos manteles bordados a mano en Flandes, Amsterdam y el Piamonte y traídos a toda prisa para el magnífico agasajo, y cuando los edecanes rubios de

La Habana Virtual

los magníficos entorchados dorados comenzaron a anunciar los nombres de los ilustres agasajados que ya comenzaban a llegar, el general y la generala, rutilantes, vestidos ella con una gran túnica de color violeta de estilo imperio adornada con perlas grises de Siam y esmeraldas de las márgenes de los afluentes del río Magdalena y él con una gran casaca cuya generosa pedrería brillaba con tonos iridiscentes a la luz de los candelabros de mil bujías, se situaron en el centro del gran salón de baile, rodeados de los funcionarios de más jerarquía, que vestían sus hábitos de gran gala para recibir versallescamente a los invitados que iban llegando.

Un gran ujier anunció a Mr. y Mrs. Saint John, que venían de Montreal, a Mr. y Mrs. Milton de Nueva York, a Monsieur y Madame Ducuroux, de la Compañía Des Grands Travaux du Marseille, que había construido el gran túnel de losetas claras bajo la bahía, y a Mr. y Mrs. Dexter, venidos desde Edinburgo, de quienes se afirmaba que financiarían un gran astillero, de mayores dimensiones que El Arsenal, en la bahía habanera, y al Signore Bannucci, que era veneciano e iba a fomentar la navegación de cabotaje a lo largo de los puertos cubanos de la costa norte en grandes góndolas de velas triangulares diseñadas especialmente para navegar las aguas verdiazules de rocas coralinas y peces rojos del Mar Caribe; y también anunciaron a los Condes de Macuriges y a los de Casa Montalvo, y a don Mateo Pedroso y a don Laureano Chacón, y a los Condes de Buena Vista y a los Marqueses de Casa Peñalver según iban arribando.

Cuando casi todos llegaron se silenciaron los seis cuartetos de cámara y se inició entonces el baile oficial. La Gran Orquesta de Danzas comenzó a tocar un "minué" especialmente compuesto para la ocasión. El general y la generala abrieron el baile, les siguieron las otras parejas con gran finura y pureza de ritmo en sus evoluciones. Hacia el final del primer minué, y cuando ya los músicos se preparaban para tocar una mazurca, se escuchó una gran algarabía por el lado de la puerta principal del Palacio. El general le hizo una seña muy discreta con el dedo meñique de la mano izquierda a uno de sus edecanes y éste con presteza se dirigió hacia la gran entrada a indagar el motivo de la conmoción. Cuando llegó al lugar, no pudo creer lo que veían sus ojos.

Allí, tratando de entrar a la fuerza y dando empellones a unos soldados de artillería del regimiento de La Cabaña que le cerraban el paso, estaba el coronel de la Pata Podrida, que tenía colgada de cada brazo a una enana Thai-Thai, traídas de los burdeles del barrio de Extramuros.

Los artilleros muy corteses, pero a la vez muy firmes, hacían un grande esfuerzo por hacerle entender a Pata Podrida que no podía entrar a la gran recepción acompañado de aquellas damiselas, y que él solo, o con otra compañía más a tono con las circunstancias de adentro, sería, como siempre, bien recibido en el Palacio por el general y sus amigos.

Un cabo de cañón, queriendo ser aún más explícito, le dijo a Pata Podrida:

—Mi coronel, se trata de que en Palacio no podemos admitir a señoras de dudosa moralidad...

—¿De dudosa moralidad? — gritó Pata Podrida. — ¡De dudosa moralidad serán las que están allá adentro en la fiesta bailando mazurcas y minueses; con éstas dos no hay dudas... todo el mundo, hasta el mismísimo general, sabe muy bien lo que éstas dos son..! — Y así, lanzando imprecaciones groseras y escupitajos a diestra y siniestra y haciendo gestos amenazadores, dio entonces media vuelta y se marchó de nuevo hacia los burdeles de Extramuros, con sus dos Thai-Thai, entre las estruendosas carcajadas y los aplausos de los soldados que cuidaban esa noche la puerta principal del Palacio Dorado.

La Habana Virtual

Cuando el general fue informado del por qué de la conmoción y de como se había resuelto el problema, hizo un gesto indefinido que cada uno interpretó a su modo y regresó nuevamente a conversar con los inversionistas y con los notables de la plaza, y mientras hablaban de nuevas empresas y de planes grandiosos de fomento y de desarrollo económico, reía para sus adentros de pura felicidad, calculando "a grosso modo" los muchos millones que todas esas nuevas transacciones añadirían a su ya cuantiosa fortuna personal. Cuando alguien mencionó el asunto de Barbanegra, el general aseguró que éste sería batido en breve mediante una gran ofensiva planeada y comandada por uno de sus más distinguidos genios militares, el general Centellas, quien ya había sido autorizado para preparar y equipar los diecisiete batallones con los cuales "barrería a Barbanegra y su taifa de maleantes, no sólo de *la Sierra*, sino de la faz del planeta". Al decir esto el general con tanto aplomo y seguridad, todos prorrumpieron en grandes aplausos y el único que no se emocionó fue el brigadier de los Pensamientos Claros, a quien desde hacía meses le resultaba imposible, por más que intentara hacerlo, el creer en lo que decía o afirmaba el general.

CAPÍTULO DIECISEIS
LA OFENSIVA DE VERANO

En la primera oportunidad que se presentó, Pata Podrida fue a visitar al mandatario a su Palacio Dorado, ya que hacía poco había oído rumores de que se preparaba una gran ofensiva contra Barbanegra, y como todo iba a ocurrir en las cercanías del Barrio de Campeche, del cual él era el jefe nominal, pensó que era su deber ofrecer sus servicios y expresar sus deseos de participar activamente en la operación al señor gobernador de la Ínsula.

Cuando el general oyó de boca de Pata Podrida el ofrecimiento, lo primero que le vino a la mente fue el papelazo que éste había hecho en años atrás, cuando Barbanegra atacó el Cuartel de la Maestranza, allá en Santiago, durante los carnavales de Carnestolendas de 1753, y aunque no mencionó el hecho, empezó a írsele a Pata Podrida por las tangentes y solamente comenzó a ceder cuando éste le recordó que cuando José Eleuterio, *el general moro de Tafilet*, se le insubordinó y estuvo a punto de derrocarlo, él, que entonces era un joven cadete, había arengado a sus compañeros de clases y junto con ellos había ayudado a iniciar la marea del contragolpe que salvó la causa tambaleante del general en tan difíciles momentos.

El mandatario, sin saber aún que decidir, trató de ganar tiempo y lo más a que accedió fue a nombrarlo jefe territorial de los terrenos del Arsenal, así como de los que comprendían las estancias de Hernández Barroso, Nicolás Rivas, Bartolomé Laso y Diego de Soto, que eran colindantes; pero eso sí, aclaró bien, el jefe de operaciones sería el general

La Habana Virtual

Centellas, que ya estaba aprovisionando los diecisiete batallones con que atacaría El Arsenal.

Pata Podrida argumentó que si él era el jefe territorial, entonces Centellas estaría bajo su mando, a lo que el general ripostó conque Centellas estaría bajo su comando personal, desde el Palacio Dorado, y que él, Pata Podrida, lo asistiría en su *Operación Verano*, que era el nombre en clave que se le había asignado a la ofensiva, en su carácter de jefe territorial.

Pata Podrida dijo entonces que si no iba a existir la subordinación de Centellas a su mando territorial, al menos debía existir una paridad de jefaturas entre él y Centellas, porque él, y aquí fue enfático, nunca se pondría bajo las órdenes de aquél por mucha que fuera la confianza que el general depositara en su ciencia militar y en sus dotes de estratega.

El mandatario, ya cansado de discutir, asintió, y le dijo a Pata Podrida que en efecto, existiría una paridad de jefaturas entre él y Centellas; pero que las órdenes en definitiva las daría él desde las torres de señales del Palacio Dorado.

*

El día que se escogió para emprender la gran ofensiva fue el sábado 24 de mayo de aquel año. De los diecisiete batallones originales, tres no participaron en la operación, ya que se habían destinado a ofrecer protección a los vecinos más prominentes de la plaza, así como a varios conventos e iglesias de los alrededores. Pero aún así no se había visto un movimiento militar tan grande y masivo en La Habana desde los tiempos en que Portocarrero preparó la plaza para resistir el ataque de Lord Albemarle.

Primeramente, con las luces del alba de esa mañana fatídica, abrieron fuego contra el Arsenal las baterías de los castillos de La Fuerza, Atarés y La Cabaña, así como las de varios navíos que se encontraban previamente situados para ese fin en la Ensenada del Padre Cura, en la bahía habanera. La puntería se fue afinando poco a poco y pronto la mayoría de los proyectiles comenzó a hacer blanco en los alrededores de *la Sierra*.

En esos mismos instantes venían bajando por la amplia avenida de Monserrate, a lo largo de la muralla, cuatro batallones de infantería con todas sus armas, vituallas, pertrechos, animales de carga, artillería y banderas, seguidos de sus oficiales, que venían en una gran carroza de color marfil jugando al "póker", en la tranquila retaguardia del gran contingente.

Otros cinco batallones, completamente equipados y marchando en son de guerra, se movían a campo traviesa en dirección sureste desde los terrenos de la estancia de María Castellanos; el resto de las tropas había iniciado su marcha desde la estancia del oidor Dr. Don Bernardo de Urrutia y Matos en línea recta hasta la bahía, y habían comenzado a vadear El Manglar en zancos, lo que había atrasado algo su marcha; pero ya su vanguardia se hallaba en los terrenos de Don Juan Hernández Barroso, desde donde debían proseguir siguiendo un rumbo hacia el este, hasta enlazar a la altura de la Puerta de la Tenaza con los cuatro batallones que venían bajando por Monserrate y así completar el cerco del Arsenal.

Una vez concluída esta primera fase del plan militar, todas las tropas avanzarían en un gran semicírculo, que se apretaría paulatinamente hasta llegar a la *Sierra del Agua*, la cual ocuparían y donde serían vencidos y sometidos Barbanegra y los suyos, si todo marchaba según los planes de los estrategas del estado mayor del general.

La Habana Virtual

*

Mientras tanto Barbanegra y sus guerrilleros, que conocían desde temprano de todos los movimientos ejecutados por las tropas del gobierno, gracias a su extensa red de espías diseminada por toda la ciudad, empaquetaron todos sus pertrechos y se lanzaron con las narices tapadas al cauce del ramal de la Zanja Real que alimentaba la maquinaria del Arsenal. De allí nadaron en contra de la corriente y lograron introducirse en los túneles llenos de ratas e inmundicias del alcantarillado habanero, salvando todos sus pertrechos y vituallas, con la excepción de una bombarda vieja que tenía comején en la cureña, que fue abandonada en medio de la Zanja.

Desde el laberinto de las alcantarillas públicas pudieron darse cuenta de cómo avanzaba la invasión de sus predios y de la cuantía de las tropas que había enviado el general para atacarlos y desalojarlos de sus territorios.

Cuando las tropas de Centellas auxiliadas por Pata Podrida terminaron de ocupar El Arsenal, ya era pleno mediodía, y al llegar a la *Sierra del Agua*, para su completa sorpresa no encontraron allí a nadie. Cuando algo más tarde la bombarda vieja con comején en la cureña fue rescatada del torrente de la Zanja, comprendieron que Barbanegra se les había escapado una vez más de entre las manos; pero decidieron decirle a todo el mundo que el ataque había sido un gran triunfo para las armas del general y que no había que preocuparse más por los piratas de *la Sierra*, porque aunque algunos de ellos habían sin duda escapado con vida por la vía de las cloacas, la mayoría había sido muerta en el ataque, y para probar esto último, asesinaron allí mismo a una veintena de trabajadores del Arsenal que Barbanegra había mantenido prisioneros desde hacía varios meses, los vistieron de

G. Alberto Yannuzzi

piratas, y los retrataron sangrantes, con las bocas y ojos abiertos, usando cámaras de luces de magnesio, para que sus fotos fueran vistas por todos los habitantes de la Isla como prueba de su gran triunfo militar. De este hecho reprobable se dice que fue consumado por Pata Podrida y sus testaferros, sin que Centellas tuviera conocimiento de la masacre y la subsiguiente manipulación hasta que vio las fotos en los periódicos capitalinos.

Una vez que se concluyó la operación militar, se dejaron tres batallones ocupando el área y el resto de las tropas regresó a sus respectivos cuarteles en la tranquila seguridad de La Habana de Intramuros.

Cuando cayó la noche, los soldados agotados por las largas marchas se envolvieron en sus mantas y se tiraron al suelo a dormir y después de varias horas, cuando ya hasta las postas dormitaban, poco a poco unas sombras pestilentes y fantasmales comenzaron a salir del cauce del ramal de la Zanja, todos portando armas blancas y cuerdas de algodón, y muy sigilosamente comenzaron a acuchillar primero a las patrullas cosacas y después a todas las postas, y continuaron estrangulando con las cuerdas a los soldados dormidos o acuchillándolos con filosas dagas florentinas, y cuando al fin hacia el amanecer alguien logró dar la voz de alarma, solamente quedaban con vida los soldados zurdos de cuatro pelotones de las diezmadas compañías de uno de los batallones del general, quienes se echaron a correr desnudos en dirección a las puertas de la muralla más cercanas, profiriendo alaridos y gritos de terror. Los vigías de las atalayas se confundieron en las sombras, y pensando que se trataba de los piratas sobrevivientes de la operación del día anterior, abrieron un fuego nutridísimo de mosquetes y tercerolas, y de ellos no quedaron con vida más que dos o tres, que por no

La Habana Virtual

ser blancos, no pudieron ser vistos entre las penumbras aún reinantes.

Mientras esto sucedía, Barbanegra consolidaba su posición de nuevo en El Arsenal; primeramente ordenó lanzar a todos los soldados muertos a la Zanja y después le pidió al argentino que hiciera un minucioso inventario de todo lo que se había ocupado en posesión de los destrozados batallones del general.

Cuando se concluyó el inventario comprendieron de una vez la magnitud del triunfo logrado en la alevosa jornada nocturna y vieron que ahora poseían cientos de armas de fuego, todas nuevas, decenas de miles de proyectiles, veintenas de barriles de pólvora, innumerables armas blancas, varias piezas de artillería, cuatro toneladas de alimentos, seis botiquines de campaña y lo que era aún más importante, había caído en sus manos un libro de cubierta de piel oscura con las claves secretas que empleaban las fuerzas del ejército gubernamental para comunicarse entre sí cuando se encontraban en campaña.

CAPÍTULO DIECISIETE
LA CONTRAOFENSIVA DE LOS PIRATAS

Después del aparatoso fracaso de su *Operación Verano*, el general reunió a su compungido estado mayor y les anunció que de ahora en adelante su estrategia sería solamente de carácter defensivo, que no se emprenderían más ofensivas en contra de Barbanegra y que se reforzaría el cerco alrededor del Arsenal para contener a los piratas en el área, mientras que en el resto de la Isla se seguiría viviendo "una vida normal".

Los generales del general no argumentaron nada, simplemente bajaron la cabeza y asintieron. Entonces alguien trajo a colación el hecho de que el País del Norte ya no les facilitaba armamentos desde el mes de marzo, y que inclusive una guerra de carácter defensivo tendría que ser librada con ciertas desventajas y problemas de logística.

El general aseguró que eso no tenía gran importancia, y que él obtendría las armas y los pertrechos necesarios en otros mercados, y que como las condiciones económicas del país por el momento eran óptimas, sobrarían ofertas de material bélico de otros países que lo producían.

Cuando se sometió a votación lo de la guerra defensiva, el brigadier de los Pensamientos Claros hizo como un ademán de decir algo, pero se contuvo al pensar que sus palabras, como muchas otras veces había sucedido, iban a caer en oídos sordos y que no valía la pena argumentar sobre este punto con el general y con su estado mayor.

Por su parte Barbanegra y los suyos, envalentonados con el triunfo obtenido, hacían planes audaces para llevar la

La Habana Virtual

guerra a toda la ciudad y extender sus dominios parchosos mucho más allá de la periferia del Arsenal.

Una mañana bien temprano se reunieron Barbanegra, el Abominable Hombre de las Pampas y varios de sus comandantes, y después de hacer serias consideraciones sobre la situación, acordaron que el argentino saldría con una columna de infantería a invadir toda el área de Extramuros comprendida desde la estancia de Magdalena Corbera hasta las inmediaciones de La Punta, y que otra columna al mando del comandante Candelas ocuparía toda la zona que corría paralela a las murallas, desde la Puerta de la Tenaza hasta la estancia de Gaspar Arteaga, y que sus fuerzas enlazarían con las del Hombre de las Pampas a la altura de la antigua Hermita de Monserrate, dividiendo en dos a la plaza, e impidiendo que entraran provisiones procedentes del interior de la Isla al área de Intramuros.

El plan propuesto por Barbanegra fue adoptado por unanimidad por sus comandantes y a finales del mes de agosto salieron al llano los dos contingentes, seguros de obtener la gran victoria militar que pronto les daría el control indiscutido de la Isla.

En esos mismos momentos, el general celebraba reuniones de carácter urgente, no con sus líderes militares, sino con los principales jefes políticos de la plaza para activar el asunto de las próximas elecciones que se efectuarían en noviembre. Como todo el mundo sabía, él no era candidato a la Capitanía General; pero si salía electo el candidato oficial, el que apoyaban sus partidos y su maquinaria política, él sería entonces elegible para el cargo de jefe del estado mayor conjunto de las fuerzas armadas, como en los años treinta, cuando gobernaba desde sus cuarteles y los gobernadores electos o de facto no osaban contradecir sus deseos.

G. Alberto Yannuzzi

El único problema con el panorama electoral era que había dos candidatos oposicionistas al cargo de capitán general, uno era el ex-gobernador de los Dedos de Alambre, que aunque ya no arrastraba mucho pueblo podía enredar las pitas con sus maquiavelismos, y el otro era el Marqués de Plata, que era un hombre serio y prestigioso y que podía capitalizar la votación y derrotar fácilmente al candidato oficial.

En esas graves consideraciones se hallaban inmersos cuando llegó un mensaje cifrado urgente para el general, informándole que desde las torres de las murallas habían visto a varios de sus coroneles dejar pasar a las columnas invasoras de Barbanegra por sus jurisdicciones militares, sin presentar batalla ni hacerles hostigamientos, mediante el pago de ciertos tributos y con la condición de que no tirotearan a sus tropas ni a sus posiciones. El general pensó entonces ordenar a sus artilleros que bombardearan las columnas de los piratas con los cañones emplazados en la muralla; pero entonces recordó que había mandado a fundir la artillería para hacer monedas de bronce con su efigie, y a demoler los bastiones para utilizar los escombros en la construcción de edificios de departamentos en el Barrio de Extramuros, y se aguantó y no dijo nada, y se guardó el mensaje doblado en cuatro en uno de los bolsillos interiores de la chupa, y esa noche no pudo cenar porque no le pasaba la comida, y cuando más tarde se retiró a sus habitaciones privadas estuvo desvelado hasta las cuatro de la mañana pensando en sus múltiples problemas y en lo difícil que se estaba tornando la situación en la Isla.

CAPÍTULO DIECIOCHO
EL PARTIDO DE LOS NIVELADORES

&

Viendo que el panorama militar empeoraba por momentos, el general trató de avivar el proceso político, pero la gente en realidad no se interesó mucho en las elecciones, sino que se mostró más bien indiferente debido a la desconfianza ancestral que despertaban los comicios auspiciados por el general, en los cuales él o sus candidatos eran siempre los que resultaban electos.

Alguna otra gente pensó que el mandatario haría como en 1744, cuando le entregó el poder a Dedos de Alambre, en las únicas elecciones honestas que había visto el país bajo su mando; pero la gran mayoría dudó y no le dio calor al proceso electoral, y aunque el Marqués de Plata fue sin duda el candidato que sacó más votos, el general anunció que el señor de Burenes había triunfado y para avalar todo esto se imprimieron unas boletas falsas que se enviaron a todas las juntas electorales y que se anunciaron como las verdaderas; y en esos mismos días el general les envió a todos los oficiales de su ejército que se encontraban en campaña unos billetes de la Lotería Nacional, con su firma y sello personal, que sorpresivamente resultaron ser el premio mayor en el próximo sorteo, y así seguían las cosas, y cada vez las columnas de Barbanegra se afianzaban más en toda el área que corría a lo largo de las murallas y ponían además sitio a la fortaleza de San Salvador de La Punta, que por hallarse en Extramuros era difícil de aprovisionar y defender, y a la hora de la batalla final por la posesión del viejo castillo, confundieron a las fuerzas de gobierno usando el código de señales secretas que había caído en sus manos cuando la ofensiva de verano contra El Arsenal, y las tropas del general acabaron atacándose unas a otras debido a las órdenes falsas que les daban los piratas, y cuando ya se habían descalabrado casi todos en la gran confusión, entonces la gente de Barbanegra acabó sin piedad, a garrotazos, con los pocos que quedaban vivos, y sitiaron también los torreones de San Lázaro y Cojímar y el polvorín del Jigüey y la Escuela de Prácticas de Artillería, y en medio de toda esta debacle al general no se le ocurrió nada mejor que anunciar que en febrero del próximo año él le entregaría el poder a "Burenes", como estipulaban las Ordenanzas Reales de 1740.

El fiasco de las elecciones de noviembre hizo que la gente que había tenido alguna fe en las urnas, viendo ahora todos los caminos cerrados, volcara su apoyo en las huestes de Barbanegra, y ni siquiera porque los servicios de inteligencia del gobierno habían interceptado varias misivas cursadas entre éste y sus principales comandantes, en las que se esbozaban planes para el futuro y que transpiraban que ellos eran simpatizantes de las doctrinas de Oliverio Cromwell y que el Pampero y Lampiñito habían militado en el partido de *los niveladores*, la gente hizo caso, y los más no creyeron o rechazaron lo que les decía el general a través de sus medios informativos, y éste, desesperado, ya comenzaba a hacer planes secretos durante sus noches de insomnio para abandonar la Isla y regresar a su tranquilo refugio de Tacuarambó.

CAPÍTULO DIECINUEVE
LAS CONSPIRACIONES DE LA GUARDIA

Una de esas madrugadas insomnes en que el general cavilaba acerca de como ejecutar una retirada discreta y airosa, y sobre todo sin correr el riesgo de que su misma gente lo ajusticiara para congraciarse con los piratas, se escuchó una gran explosión por el rumbo de la Plaza de Bayona.

El mandatario rápidamente hizo venir a sus edecanes, quienes le informaron que toda esa noche habían estado explotando petardos y bombas en el área de Intramuros, puestos con seguridad por los simpatizantes de Barbanegra, cuyo grupo cada vez se hacía más numeroso y osado dentro de la ciudad a pesar de la dura represión policíaca.

El general no dijo nada, ni dio nuevas órdenes, sino que volvió de nuevo a sus habitaciones privadas y siguió meditando sobre la situación. Entonces uno de sus chambelanes le anunció que había llegado al Palacio Dorado un alférez del servicio de inteligencia con un "dossier" que deseaba mostrarle muy urgentemente. El mandatario le dijo al chambelán que invitara al alférez a desayunar con él en Palacio, y que lo hiciera aguardar una hora mientras él se levantaba y lo afeitaban, perfumaban y vestían.

Cuando al fin se sentó a la gran mesa de desayunos de madera de granadillo a entrevistarse con el alférez, y mientras ambos ingerían la temprana colación, el general, que lucía sombrío, después de cruzarse los saludos de rigor fue directo al grano:

—Pues bien, alférez, ¿qué lo trae por acá?

—Verá usted, mi general – dijo éste sin titubear, – resulta

que hemos descubierto cuarenta y cuatro conspiraciones entre los altos oficiales de las fuerzas armadas para derrocarlo y deseamos prevenirlo antes de que alguien trate en serio de tumbarlo.

—¡Cuarenticuatro! — exclamó el general — Ese número nunca ha sido afortunado para mí — e inquirió a continuación — ¿Quiénes son los principales conspiradores, alférez?

—Pues verá usted mi general — añadió el alférez — el coronel de la Pata Podrida conspira con el brigadier de la Cara de Plancha, y el teniente de las Patas de Horqueta conspira con el curro Ulsiceno, y el capitán de la Cara de Burro y el mayor Dientilargo conspiran con el alférez de la Cara de Perro, y el general Centellas va a entrevistarse con Barbanegra, y...

—¡Alto!, ¡basta! ¡Deténgase alférez, que estoy todo confundido, dígame mejor quién no conspira y así acabamos más rápido! — gritó trémulo el mandatario.

—Bueno mi general — dijo el alférez —, el único que no conspira por ahora es José Eleuterio, *el general moro de Tafilet*, y eso creo que es así porque no tiene mando... usted sabe lo que trató de hacer una vez hace años...

—Sí — dijo el general, y se quedó pensando como abstraído y sin decir nada, y entonces al cabo de un rato el alférez pidió permiso, se cuadró ante el mandatario y salió dando saltos como un canguro por los pasillos del Palacio Dorado con rumbo a la salida principal.

CAPÍTULO VEINTE
LOS ÚLTIMOS COMBATES

&

Después de la entrevista con el oficial de inteligencia, el general hizo traer a su presencia a José Eleuterio, *el general moro de Tafilet*, y le propuso la jefatura de sus tropas, lo cual éste aceptó, disponiéndose entonces ambos a formular con gran premura nuevos planes de campaña para conjurar el peligro creciente de que Barbanegra triunfara en la contienda.

En los días siguientes, las noticias de los diversos frentes de guerra continuaron siendo funestas para las huestes del general. Los piratas estaban ahora atacando la Batería de Santa Clara, que desde la caída de La Punta se hallaba asediada por su flanco izquierdo.

Las tropas que defendían esta posición no aventajaban en osadía ni en combatividad a las otras fuerzas de los ejércitos del general, y después de sufrir varias nutridas descargas de arcabuces y mosquetes, las piernas les empezaron a flaquear, cosa de la que los piratas pronto se percataron y los animara a situar varios troncos de árboles sobre los fosos de la fortificación, y que parados sobre éstos comenzaran a lanzar teas sobre todo el recinto, el cual pronto comenzó a arder furiosamente.

En los instantes que se sucedieron vieron ondear varias banderas blancas entre el humo y las llamas que ya consumían los garitones, así como a numerosos soldados que salían por el camino cubierto con las manos en alto suplicando compasión y rogando a los atacantes que les perdonaran la vida.

El primer impulso de los piratas fue el de acuchillarlos o

acabar de una vez con ellos a garrotazos; pero uno de los nuevos comisarios u oficiales políticos que habían comenzado a acompañar a las tropas les dijo con firmeza a los oficiales al mando que las órdenes de Barbanegra eran terminantes en cuanto a tratar bien a los prisioneros, porque eso era lo que convenía hacer durante el tiempo que durara la guerra, y que después, cuando ganaran, ya vendría el tiempo de arreglar cuentas y de partirles "los carapachos" a toda esa gente.

Esa misma noche varias chalupas de piratas armadas de bombardas y culebrinas cañonearon el Castillo de La Fuerza, y algunos de los proyectiles que erraron el viejo alcázar y siguieron de largo hicieron blanco en la casa del marqués de Arcos, así como en la Plaza de Armas y en la casa del historiador Arrate.

El general ordenó que no se informara nada de esto último a la población y mandó acordonar con varias compañías de sus soldados de más confianza todo el tramo de la Calle de los Oficios que iba desde Empedrado hasta Obrapía, para impedir el tránsito de vecinos y curiosos por el área.

CAPÍTULO VEINTIUNO
LA ABSOLUCIÓN DEL GENERAL

&

Hacía varios días que el general no cesaba de quemar papeles, cartas, documentos y hasta algunas viejas fotos que no deseaba que cayeran en manos indiscretas.

Todos sus familiares, con la excepción de su esposa, la generala, habían salido sigilosamente de la Isla, algunos en barcos mercantes para llamar menos la atención, otros en fragatas de la Marina de Guerra, que llevaban además en sus cajas de caudales los cofres con las riquezas amasadas en las casi tres décadas de los desgobiernos del general.

Para la víspera del año nuevo se anunció un gran sarao en el enorme salón de danzas del Palacio Dorado, al que fueron invitados los más altos funcionarios y jefes militares del régimen, y todos bailaron, comieron y bebieron sin parar hasta la medianoche, cuando el general, tras hacer el brindis de rigor a las doce en punto, gritó a pleno pulmón después de tragarse el primer sorbo:

—¡Sálvese quien pueda, que los piratas de Barbanegra acaban de entrar en Intramuros..! — Y a continuación se lanzó de cabeza por una ventana y cayó en la gran barquilla de uno de los tres grandes globos transatlánticos que por orden suya el general "Wince" había situado a nivel de las ventanas del gran salón, y sus invitados le siguieron, unos profiriendo gritos de sorpresa y otros alaridos bestiales y retahilas de insultos, y pronto las tres naves se elevaron sobre los tejados rojos de La Habana de Intramuros con rumbos distintos y a diferentes alturas para así tratar de confundir a los radares de telarañas de los piratas de Barbanegra y eludir el fuego de sulfuro de sus baterías antiaéreas.

Y mientras su globo subía y subía, el general no dejaba de pensar en sus glorias pasadas y en los grandes sufrimientos que había experimentado últimamente, y también pensaba en que en este Día de San Manuel no iba a poder escuchar el "Oddún" de los babalaos, ni tampoco cuáles eran los designios de los Orishas para el año que comenzaba, y se absolvió a sí mismo de todos sus pecados diciéndose para sus adentros que él siempre había obrado de buena fe y que los errores y excesos que se habían cometido bajo sus diferentes mandatos no habían sido culpa suya, sino de sus consejeros y de sus generales y funcionarios, de cuyas violencias y abusos él también había sido víctima en los últimos meses, y se sintió entonces aliviado y más confortado después de esta autoabsolución y pretendió que no había pasado gran cosa y que por no se qué encadenamientos de milagros y cambalaches todo se iba a revertir y que él volvería a la Isla pronto, como la otra vez que se había tenido que largar, a organizar de nuevo su riqueza y a disfrutarla, sobre todo ahora, que el suelo cansado de Jamaica y la reciente revolución de Haití habían eliminado a esos dos importantes competidores de Cuba en el mercado azucarero mundial.

✳

Dos de los tres globos llegaron al País del Norte y el otro, en el que viajaba el general, tomó rumbo sur, hacia Tacuarambó; pero se dice que nunca llegó a su destino, que fue víctima de las calmas ecuatoriales de esas regiones, o de un gran remolino que se lo llevó directamente al hueco que miraba hacia la nada de la Montaña Azul de la Isla de los Diez Mil Monos, por donde se habían despeñado, y que no habían parado en su caída hasta llegar a las candentes y sulfurosas entrañas de la Tierra.

La Habana Virtual

De cierto en realidad nunca se supo nada, pues había hasta quienes aseguraban que el general había llegado sin percance a Tacuarambó, donde había abierto varios casinos de juego que administraban varios de sus "coroneles de hojalata" que habían sobrevivido la apresurada huida y el largo viaje en globo, y que ahora se estaba dando la gran vida en aquellas retiradas latitudes australes.

CAPÍTULO VEINTIDÓS
EL VUELO DE MATÍAS PÉREZ

☙

Fue como al mes y pico de la inauguración de Barbanegra como emperador absoluto y vitalicio de la Isla, sus montañas, bosques, ríos y ciénagas, y de todos sus islotes y cayos adyacentes, así como de gran almirante de la Mar Caribe y de archipámpano de todas las tierras que ésta bañare.

Don Félix Ayllón, que conservaba milagrosamente su antiguo cargo de contador de la Real Renta de Correos y Postas, se encontraba despachando algunas de las nuevas ordenanzas postales y lacrando unos inmensos sobres verdeolivos que debían salir con destino a Oriente.

Como había tanto trabajo y problemas con la correspondencia, ya que se había ordenado borrar los números de todas las casas y edificios, él y su asistente permanecieron trabajando en esa jornada hasta altas horas de la noche.

Don Félix, iniciando la conversación, le confió al muchacho que este régimen no era para él, y que eso de querer aplicar las doctrinas de Oliverio Cromwell en la Isla, así como las recientes historias acerca de "los niveladores" y "los costillas de hierro" lo traían todo confuso, y que además, si ellos se enteraban de que el general de las Patillas Largas había sido testigo de su quinta boda, lo iban a encarcelar o quizás peor, lo ajusticiarían, acusándolo de complicidad con el *ancient régime*.

El muchacho asintió, y don Félix continuó añadiendo que tenía pensado ya cómo marcharse de la Isla y que esto como era natural tendría que ser por la vía clandestina, porque todas las demás rutas de salida, incluyendo los espejos,

La Habana Virtual

habían sido cerradas por el *nuevo orden*.

—¿Y cómo piensa usted irse don Félix? — indagó el joven.

—Verás — le dijo el viejo funcionario —, conozco a un fabricante de toldos, de Canarias el hombre, llamado Matías Pérez, que está construyendo un globo aerostático, como los que utilizan para volar allá en Francia los hermanos Montgolfier, para marcharse para Tenerife, porque él es de allá; pero yo le he advertido que el viaje a Canarias es muy largo y arriesgado, y él me ha contestado que irse para La Florida es aún más peligroso aunque el trayecto sea más corto, porque Barbanegra tiene muy vigilado el Estrecho y matan sin piedad a todo el que sorprenden en la travesía. En esto último Matías tiene razón — concedió don Félix —, pero he estado pensando que si en vez de navegar hacia La Florida, lo hacemos en dirección de Méjico, tenemos una mejor oportunidad de arribar a la tierra firme, porque casi nadie se va por ese camino y por consiguiente hay menos vigilancia. Voy a hablar de nuevo con Matías a ver si logro interesarlo en ese proyecto, y si lo convenzo, ya te avisaré por si deseas venir con nosotros.

*

Habían salido cerca de las doce de una noche sin luna desde la estancia de don Pedro de las Heras. Al comenzar a elevarse estuvieron a punto de concluir allí mismo su travesía, porque la barquilla del globo se trabó en las ramas más altas de una gran ceiba; pero al fin lograron zafarla y el globo comenzó a elevarse de nuevo. La brisa los llevó primero hacia el mar y luego los impulsó a lo largo de la costa pinareña hacia las aguas libres del Golfo de Méjico.

Según se alejaban, la Isla lucía cada vez más pequeña y lejana; el muchacho no dejaba de pensar en que por un largo tiempo no iba a ver más a su tierra – la cual se convertiría en un reflejo virtual –, ni a las muchachas de Agüica, ni a la taquillera rubia del cine del Prado, ni a su tía, "la viejita que durmió al revés", ni a todos sus demás familiares y amigos, como el gordito Unzueta, Bobby, Rita, Míriam y Doris, de quienes no sabía hacía meses por el desbarajuste ocasionado por la caída del gobierno del general y por el colapso total de la sociedad cubana y de sus instituciones desde que los piratas de *la Sierra* estaban a cargo del gobierno.

Al continuar volando cada vez más alto sobre las aguas azules del golfo, notó que don Félix y su esposa rezaban agarrados muy de firme a los cabos de las sogas del globo y que Matías trataba de timonear la nave hacia donde él creía que se encontraba el gran pulgar de la península de Yucatán, posición ésta que él había calculado con gran precisión valiéndose de su nueva técnica de navegación direccional.

Cuando a los tres días y medio de vuelo vieron al fin la tierra firme y poco después rozaron la ciudad de Mérida, experimentaron un gran alborozo; pero entonces vientos contrarios los empujaron de nuevo hacia el golfo, sobre el cual navegaron por nueve días más y al amanecer del último entraron por fin, de frente, en el continente, y entonces un aire extraño y cálido comenzó a elevarlos cada vez más alto, hasta más arriba de todas las nubes y hacia más allá de todos los arco iris y cuando miraron hacia su izquierda vieron como la tierra se iba estrechando interminable hasta el istmo y más allá; y vieron entonces hasta después de Tehuantepec y de las ruinas de Tikal y de Chichén-Itzá, y hacia el frente vieron el comienzo del gran océano que terminaba en Asia, y rezaron y rezaron para que el globo al fin bajara y no los llevara a la China y pudieran pisar de nuevo la tierra colombina, y sus rezos fervorosos fueron escuchados en El Tepe-

La Habana Virtual

yac, y el globo al fin comenzó a bajar, y cuando ya casi era de noche aterrizaron suavemente en la Plaza Garibaldi de la gran Tenochtitlán, donde bandas de mariachis les daban la bienvenida a todos los que arribaban tocando interminables corridos y rancheras hasta la medianoche, a la luz de brillantísimos y coloridos fuegos artificiales que semejaban una inmensa y sobrecogedora aurora boreal, que se multiplicaba hasta el infinito en miles de prismas iridiscentes de los que brotaban flores, águilas y serpientes en gran profusión, las cuales se alejaban flotando en el aire hasta los confines interminables que colindaban con el principio y el fin de todas las cosas conocidas.

FIN